Die Pilgerreise nach Assisi

Auf den Spuren des hl. Franziskus

Von Petra Kammann

EINFÜHRUNG

ALLGEMEINES

PILGERSTÄTTEN

UMGEBUNG

LEBENSART

PILGERLITERATUR, SPIRITUALITÄT UND GEBETE

PRAKTISCHE REISEINFOS VON A BIS Z

ZUM NACHSCHLAGEN

Liebe Italienreisende,

Italien ist seit jeher ein Ziel für Christen aus aller Welt. Schon lange, bevor der Vatikan als Sitz des Oberhauptes der katholischen Kirche zum religiösen Ziel für Gläubige wurde, waren Pilger unterwegs in Italien, um ihrem Glauben Ausdruck zu verleihen. Viele Orte zeugen seit Jahrhunderten von der Bedeutung des Pilgerns, seien es die Wirkungsstätten von Geistlichen, von Heiliggesprochenen oder die Pilgerrouten an sich.

Nicht erst, seitdem ein Deutscher das wichtigste Amt im Vatikan bekleidet, nehmen religiöse Reisen aus Deutschland nach Italien deutlich zu. In den letzten beiden Jahren hat das Pilgern ein „Revival" erfahren und viele Menschen suchen nach spirituellen Anziehungspunkten. So konnte der Bereich Pilgerreisen im Jahr 2007 einen Zuwachs von rund 20 % verzeichnen.

Italien bietet mit seinen 2.200 Wallfahrtsstätten und Klöstern, mit 4.000 religiösen Einrichtungen, die 250.000 Gästebetten bereithalten, und 700 kirchlichen Museen eine große Auswahl. Zu den bedeutendsten Pilgerzielen zählt natürlich Assisi, berühmt geworden als Wirkungsstätte des Franziskanermönchs San Francesco.

Ich wünsche Ihnen eine spannende Reise durch Italien nach Assisi!

Ihr

Marco Montini

ENIT-Direktor der deutschsprachigen Länder

Wenn es Dir gut tut, komm!

Dr. Peter Amendt (OFM), Franziskaner-Kloster Düsseldorf, u. a. Redakteur der Zeitschrift „Tauwetter. Eine franziskanische Zeitschrift" und Initiator von „vision : teilen". Eine franziskanische Initiative gegen Armut und Not.

Bruder Leo, einer der ersten Brüder jenes faszinierenden Wanderpredigers aus Assisi, schaut im Schein der Sterne immer wieder auf einen kleinen Zettel, den ihm dieser Francesco, sein Freund, hat zukommen lassen. „Wenn es Dir gut tut, komm!" Er hatte anderes erwartet, denn die Last des Lebens zu Beginn des 13. Jahrhunderts war schwer, und er suchte um Rat. Die Antwort: nur diese wenigen Worte. Sie erinnerten ihn an das Evangelium der ersten Jünger: „Komm und sieh." „Komm und gehe mit mir." „Komm, und folge mir."

Bruder Leo ist nicht ausgestorben. In vielen von uns lebt er weiter. Ein Mensch der Sorgen, der Suche, einer, der Halt und Rat sucht. Und der sich auf den Weg macht, oft nicht wissend, was er sucht. Vielleicht den anderen. Vielleicht aber auch sich selbst. Vor allem aber dies: zu sich selbst zu kommen. Den Frieden finden. Aber nicht irgendeinen Frieden, nicht irgendeine innere „Waffenruhe", die bald wieder zerbricht. Nein, einen Frieden, den er in einer dreifachen Einheit findet: in sich, in der Geborgenheit und Einheit von Natur und Mensch, in der Geborgenheit und Einheit von Mensch und Gott – dort, wo innen, außen, oben und unten sich versöhnen und vereinen.

Francesco, der „Poverello", der „kleine Arme" von Assisi, und seine Freundin Klara haben diesen Frieden gelebt. Sie haben ihn geliebt, gesucht, gefunden. Alles, was geschaffen ist, Mensch, Tier und Natur, wurden ihnen zum Spiegel. In ihm begegneten sie gleichsam in der höfisch-mittelalterlichen Minne und innigen Liebe des „Troubador“, des „Spielmannes Christi“, der Einheit des Höchsten, der höchsten Einheit, in der alles zu sich findet, jenem liebenden Gott und Gott der Liebe, so dass alles, Sonne, Sterne und alle Geschöpfe, ja selbst der „Bruder Tod“, für sie zum gespürten, „geschmeckten“ Weg zu Ihm hin wurden. Schmerz, Leid, Niederlagen, das Scheitern des eigenen Lebensprojektes der Bruderschaft des Franziskus zu seinen Lebzeiten werden bis zur Neige erfahren, und selbst die Wundmale, die bei Franziskus erstmals überhaupt in seiner Zeit nach seinem von Fasten und Plagen begleiteten Aufenthalt auf dem unwirtlichen Alverna-Felsen zu sehen und zu fühlen waren, waren ihm Quelle vieler Schmerzen und Missverständnisse.

Nein, dieser Mensch wurde nicht mit einem Heiligenschein geboren, sondern durchlebte die Höhen und Tiefen des Lebens oft extrem. Aber die langen, quälenden und zermürbenden Stunden seines über ein Jahr dauernden Aufenthaltes im Kerker von Perugia nach dem verlorenen Krieg beider Städte hatten ihn verändert. Es galt nicht mehr, dem eigenen Ich und seiner Welt nachzujagen, in der Tretmühle der verzweifelten „Ich-Verwirklichung“ das Heil zu suchen, sondern sich hinführen zu lassen zu jenem „Schatz“, für den es sich lohnt zu leben: das „Du“ und „Wir“ der Einheit mit dem „Bruder Christus“, der uns zuerst geliebt hat und dessen Liebe uns den innersten Kern alles Wirklichen erschließt. „Ja, ich komme, ich gehe Dir nach – wohin immer Du gehst.“

Das TAU war ursprünglich der letzte Buchstabe im hebräischen Alphabet. Franziskus nutzte es als Erkennungszeichen und setzte es unter viele Dokumente.

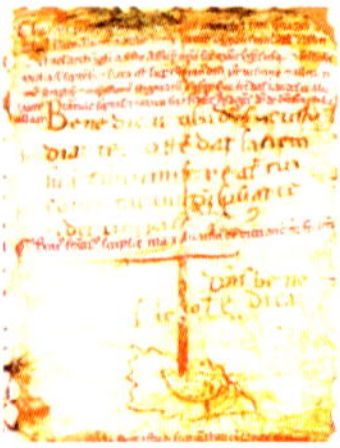

Auch heute noch lädt dieser geheimnisvolle „Spielmann Gottes“ mit all seiner Faszination uns ein, seinen Fußspuren in Umbrien zu folgen, die hinreißende Landschaft mit ihrem Spiel der in den Herbstnebeln auftauchenden und wieder versinkenden Bäume, Kirchen und Häuser zu erfahren, sich hinein zu bücken in die Grotten der Carceri, wo dieser faszinierende Gottessucher mit seinen Brüdern in Gebet und Fasten ausharrte, um Christus in seiner Armut ganz ähnlich zu sein, und hinaufzusteigen auf den Subasio, den „Hausberg“ Assisis, um von der mittelalterlichen Burg dieses bis heute den Frieden des Francesco atmende Städtchen unter sich zu erleben, das noch ganz in der Erinnerung – ja besser: Gegenwart – ihres großen Sohnes Franziskus und ihrer mutigen Tochter Klara lebt, der die Rettung Assisi vor den Sarazenen zugeschrieben wird.

Dieser kleine Pilgerreiseführer will uns begleiten und uns gleichsam zur Schwelle der äußeren und inneren Begegnung mit Franziskus und Klara führen. Es liegt an uns, diese Schwelle zu überschreiten und mit ihnen uns einzulassen auf die Erfahrung, dass der Weg uns verändert und uns gleichsam im Sinnbild des alttestamentlichen, von Franziskus übernommenen Segenszeichen des TAU zu Frieden und Versöhnung führt.

Das TAU wurde zunächst als Zeichen der Buße von Franziskus verwendet. Er zeichnete es auf Häuser, Wände und Bäume. Noch heute gilt es als Zeichen des Segens und des Friedens.

Nur dann, so zeigt dieser große Sohn der kleinen Stadt, wenn ich mich selbst mit all meiner Ich-Bezogenheit auf dem Weg verliere, kann ich mich gewinnen: in jenem Frieden, den ein anderer mir schenkt, der mich zuerst geliebt. Auch heute gilt die Einladung des „Poverello“: „Wenn es Dir gut tut, komm!“

Ziel des Reiseführers

Aus religiösen Gründen in die Fremde gehen: das steht am Ursprung des Begriffs Pilgern (lat. peregrinus: in der Fremde sein). Inzwischen hat das Pilgern völlig andere Dimensionen bekommen. Menschen aus allen Schichten, Altersklassen und aus unterschiedlichen religiösen Lagern machen sich auf den Weg zu einem Pilgerziel. Nicht alle können es sich leisten, für ein halbes Jahr „auszusteigen". Manchmal reichen auch wenige Tage, um sein Leben neu zu überdenken. Zweckfreie Räume wie Kirchen und Klöster sind wieder zu begehrten Rückzugsorten geworden, an denen wir uns in Ruhe der Frage nach dem Sinn stellen, meditieren oder beten können. Assisi ist so ein Ort; einer, der nicht nur von der Geschichte geprägt ist, sondern ganz wesentlich auch von der Gestalt des heiligen Franziskus. Das spiegelt sich in der Architektur der Kirchen und Klöster, in der Handwerkskunst, in der Malerei, aber auch in der Begegnung mit der Natur und mit dem, was aus ihr hervorgeht. Natürlich erlebt man in so einer lebendigen Stadt nicht nur Rückzug. Es kann ebenso bewegend sein, in der Basilica San Francesco oder in Santa Maria degli Angeli, bei Wallfahrten oder Festen intensive Gebete in Gemeinschaft zu erleben. Dieser Reiseführer will Anregungen geben, auch einen kurzen Aufenthalt in der umbrischen Stadt so zu gestalten, dass wir – nach einem kleinen Einblick in die unmittelbare Umgebung – bereichert wieder heimkehren. Daher haben wir neben einigen spirituellen Anregungen auch ganz praktische Reisetipps für Sie zusammengestellt.

*Wie eine Trutzburg wirkt die aufwändigste Heiligenkirche Italiens, die **Basilica San Francesco**, zu der zwei Jahre nach dem Tod des hl. Franz von Assisi 1226 der Grundstein gelegt wurde. Die führenden Künstler Italiens malten die Kirche aus mit Fresken aus dem Leben des Heiligen.*

Assisi: Maß nehmen am Vorbild

Ich hatte das große Glück, im Rahmen meines Romanistik-Studiums ein Stipendium für die Universität im italienischen Perugia zu bekommen. Hier, in der hügeligen Landschaft Umbriens, gleichen viele Städte lebendigen Museen des Mittelalters, in die die Kunstschätze ganz natürlich eingebettet sind. Davon inspiriert, schrieb ich mich begeistert an der dortigen Universität in die Kurse für Kunstgeschichte ein. Es war das reine Glück meiner Studienzeit. Denn für unseren Professore Pietro Scarpellini war die Kunst der Vergangenheit auf wunderbare Weise in den Alltag eingebettet. Immer kannte er eine Person, die über einen Schlüssel zu einer Kapelle verfügte, in der zum Beispiel ein römisches Mosaik oder damals häufig noch völlig unrestaurierte geheimnisvolle Fresken zu sehen waren. Natürlich seien die Maler, die Umbrien hervorgebracht hat, nicht alle geniale Giottos gewesen.

Von der ***Basilica San Francesco*** *(Basilika des hl. Franziskus) am westlichen Ende der Stadt Assisi aus hat man einen herrlichen Blick über die sanft hügelige Landschaft der umbrischen Ebene.*

Aber der Kunstgeschichtsprofessor animierte die Studenten, sich mit umbrischer Malerei zu beschäftigen, um ein bisschen mehr vom Zauber dieser Gegend und der ihr eigenen besonderen Bescheidenheit und Natürlichkeit zu verstehen.

Assisi – die Stadt des Franziskus

Das bedeutete natürlich nicht, dass er uns Assisi, die Stadt des hl. Francesco mit ihren meisterlichen romanischen Kirchen und den erstklassigen Giotto-Fresken, vorenthalten wollte. Doch was die Beschäftigung mit dem Heiligen anging, so war ich eher zwiespältig, hatte ich doch ein eher kitschiges Franziskus-Bild, geprägt von den süßlichen Heiligenbildchen, die ich in meiner Zeit als Kommunionskind in meinem Gebetbuch zu sammeln hatte. War dieser Heilige nicht nur ein allzu naiver Klosterbruder im Büßergewand, der eben den Vögeln predigte? Mit meinem damaligen Verständnis von Kunst und Seriosität hatte das wenig zu tun.

Da ich wiederum große Stücke auf den Professore hielt, war ich aber nun doch neugierig geworden und wollte mir selbst ein Urteil bilden, was es denn mit dem heiligen Franz von Assisi auf sich habe und schloss mich daher der Besucher-Gruppe an. Allein die Busfahrt durch die sanften hügeligen und grünen Berge stimmte mich ein. Schon von Ferne nahm ich von der Ebene aus den gewaltigen Bau der Doppelkirche wahr, die wie aus dem Berg herauszuwachsen schien. Allein dieser Anblick war Ansporn genug, dieses allen natürlichen Widerständen trotzenden Gotteshaus als erstes aufzusuchen. Etwas Magisches ging von ihm aus.

Die **Basilica San Francesco** (Basilika des Heiligen Franziskus) liegt am westlichen Ende der Ortschaft Assisi, direkt am Hang des Gebirgszuges Monte Subasio. Heute ist es kaum vorstellbar, dass dieser etwas abseits gelegene Bereich ursprünglich einmal der Ort war, an dem Hinrichtungen stattfanden, weshalb man ihn im Volksmund zunächst auch **Collo d'inferno** (Höllenhügel) nannte.

Aber viel früher schon wurde die Stadt von den Römern terrassenförmig auf einem Felsrücken an der Westseite des Monte Subasio errichtet. Aus dieser Zeit finden sich heute noch die Stadtmauern, das **Forum**, bzw. der Marktplatz (**Piazza del Comune**), ein Theater, ein **Amphiteater** und der **Tempel der Minerva**, der später in die Kirche **Santa Maria sopra Minerva** umgebaut wurde, bis er im 6. Jahrhundert von den Ostgoten zerstört wurde. Mit dem Bau der Franziskus-Basilika wurde im Juli 1228 begonnen, im Jahr der Heiligsprechung von Franziskus durch Papst Gregor IX., der den Bau der

*Die **Kreuzgänge** in Assisi – Orte der Muße und Besinnung – laden in ihrer einfachen Schönheit zum Verweilen und Meditieren ein.*

Grabeskirche des Heiligen angeregt hatte und am 17. Juli 1228 selbst dazu den Grundstein legte.

Der unruhige Mönch Franziskus, der am 3. Oktober 1226 in **Portiunkula** im Tal verstorben war, hatte schon zu Lebzeiten die Pilger angezogen und war zunächst in der Kirche **San Giorgio** (an der Stelle der heutigen Grabeskirche **Santa Chiara** für die heilige Klara) beigesetzt worden.

Szenen aus dem Leben des Heiligen

Die Franziskus zu Ehren errichtete Basilika besteht aus zwei kunstvoll übereinander gebauten Kirchen, in denen sich die bedeutendsten Künstler des Mittelalters verewigt haben. In der schlichten Krypta ruht der Leichnam des heiligen Franziskus.

*In „Der Verzicht auf die Habe" stellt der Maler **Giotto di Bondone** den aufgebrachten Vater mit einem gelben Gewand in den Mittelpunkt, während der Sohn die Kleider abgelegt hat.*

Doch diese Fakten und historischen Daten waren zunächst für mich nicht von Belang. Vielmehr zog mich damals magisch das Innere der Basilika an. Und ich konnte gar nicht anders, als mich unmittelbar auf das einzulassen, was sich meinem Blick bot. Schon in der Oberkirche faszinierte mich ein Ensemble aus Architektur und einfallendem Licht, das gezielt auf die Fülle der farbigen Fresken fiel, die etliche Szenen aus dem Leben des Heiligen darstellten. Wie lebendig diese Szenen wirkten! Und das, obwohl sie alle streng geordnet in bemalte Felder zwischen tatsächlichen und imaginierten Säulen eingebettet waren. Die mit dem Heiligen verbundenen dargestellten Menschen schienen ganz individuell und voller Ausdruck und wirkten nicht so entrückt und „nicht von dieser Welt", wie mir bis dahin die Heiligen immer erschienen waren.

Welch zwingende Persönlichkeit muss doch der einfache Bettlermönch Franziskus, „Poverello" genannt, gewesen sein, dass er einen hochkarätigen Maler wie **Giotto di Bondone (1266 - 1337)** so sehr inspiriert hat, die Szenen aus seinem Leben in Assisi darzustellen. Ich konnte mich nicht losreißen von den betörenden Bildern der darin so anmutig erscheinenden Landschaften und Räume, die sich auftaten. Erst viel später im Studium konnte ich in der „Legenda maior" von Bonaventura oder in der Franziskus-Biografie von Celano meine Unkenntnis nachholen, mir die Szenen noch einmal bewusst machen und vor meinem inneren Auge Revue passieren lassen.

Die gemalte Lebenswende: der Verzicht

Es ist schon sehr wirkungsvoll, wie Giotto di Bondone um 1295 Fragen aufwirft, indem er seine eigenen malerischen Akzente setzt. In dem Bild „Der Verzicht" etwa rückt der Maler den zornigen Vater in leuchtend – fast aggressiv gelbem – Gewand in die Bildmitte und stellt dar, wie Franziskus dem Vater alles zurückgab, was er hatte, seine Kleider ablegte und auf die väterlichen Güter verzichtete. „Als der selige Franziskus einem edlen, aber armen Rittersmann begegnete, entledigte er sich sofort seines Gewandes und bekleidete ihn." Von dieser demütigen Haltung schien förmlich die Frage auf mich überzugehen: Was teilen wir? Brauchen wir eigentlich alles, was wir in unserer übervollen Zeit haben, wirklich? Doch vom Verzicht zu sprechen ist leicht. Aber wirklich alles aufgeben? Und sich bis aufs Hemd entblößen? Macht das jemand?

*Die **Piazza del Commune** mit ihren mittelalterlichen und antiken Gebäuden wie dem Minerva-Tempel versetzt uns in ein anderes Zeitalter.*

Die gemalte Szene hat einen ganz realen Hintergrund. Die Eltern des Franz von Assisi, **Pietro di Bernardone** und seine Frau **Giovanna** (deutsch: Johanna; auch Pica genannt), waren wohlhabende Tuchhändler, die zunächst einmal nur das Beste für ihren Sohn wollten. Das fing schon bei der Namenssuche an. Sie hatten ihn zunächst auf den Namen **Giovanni** getauft. Doch gab ihm sein Vater, der sich zum Zeitpunkt der Geburt auf einer Handelsreise in Frankreich befunden hatte, nach seiner Rückkehr den Rufnamen **Francesco** (kleiner Franzose). Auch bekam dieser eine – für einen Bürgerlichen – vergleichsweise hohe Bildung. Der Vater musste davon ausgehen, dass sein Sohn, der ebenso Kaufmann werden sollte, lesen, schreiben und rechnen können müsse. Daher hatte er ihn in die Schule der Pfarrei **San Giorgio** geschickt, wo er lesen, schreiben und etwas Latein erlernte.
In seiner Jugend führte Franz dann auch zunächst einmal ein ausschweifendes Leben. Mit dem Geld seines Vaters hielt er seine Altersgenossen bei Festen frei und wurde so oft der Mittelpunkt bei den jugendlichen Feiern. 1202 zog er dann in den Krieg gegen die Nachbarstadt Perugia, in dem Assisi aber unterlegen blieb. Wie andere Kämpfer auch wurde Franz daraufhin aus Assisi in Perugia gefangengenommen und eingekerkert und kam erst Anfang 1204 gegen ein Lösegeld seines Vaters wieder frei.

Und als **Walter von Brienne**, ein Lehensmann des Papstes, um 1205 einen Kriegszug nach Apulien vorbereitete, um dort die Herrschaft des Papsttums gegen die Staufer wiederzugewinnen, machte Franziskus sich mit Pferd und Rüstung auf den Weg

nach Apulien auf, um sich dem papsttreuen Ritter anzuschließen, doch kehrte er schon bald um. Die Heiligen-Legenden erklärten seine Umkehr damit, dass Franziskus von Gott im Traum aufgerufen worden sei, sich in den Dienst Gottes zu stellen statt in den Dienst eines weltlichen Ritters. Nach der Franziskus-Biografie des **Thomas von Celano** hatte er geträumt, dass er mit folgenden Worten angesprochen worden sei: „Wer kann dir Besseres geben? Der Herr oder der Knecht?" Franz antwortete: „Der Herr!" Darauf die Stimme: „Warum dienst du dem Knecht statt dem Herrn?" Franz: „Was willst du, Herr, das ich tun soll?" Der Herr: „Kehre zurück in deine Heimat, denn ich will dein Gesicht in geistlicher Weise erfüllen."

*Wenn die **Basilica San Francesco** in abendlichem Licht erstrahlt, haben viele Tagestouristen Assisi verlassen. Dann erlebt man das Zugehen auf die Basilika noch intensiver.*

Rückkehr und Umkehr

Diese Vision empfand Franziskus als Anweisung für sein künftiges Leben und kehrte um. Sein Jugendtraum, Ritter zu werden, war durch das Erleben des

Krieges in Frage gestellt worden. Davon war ebenso sein bislang unbekümmertes Leben betroffen. Als er freikam, war er krank und innerlich zutiefst erschüttert und verwandelt. Zunehmend zog er sich in der folgenden Zeit aus seinem Freundeskreis zurück und suchte die Einsamkeit. Als er 1205 oder 1206 eine Wallfahrt nach Rom unternahm, auf der er – der Legende nach – mit einem Bettler die Kleidung tauschte, um das Leben in vollkommener Armut „auszuprobieren", brachte sein Verhalten ihn schließlich in unüberbrückbaren Konflikt mit seinem Vater, der mit seinem ältesten Sohn große Pläne hatte und es nicht länger dulden wollte, dass dieser seine Waren als Almosen weitergab. Beim Gebet in San Damiano, einem ehemaligen Konvent in Assisi, fühlte sich Franz von der dortigen Kreuzikone direkt und persönlich angesprochen. Der Legende nach habe Christi Stimme zu ihm gesprochen: „Franziskus, geh und baue mein Haus wieder auf, das, wie du siehst, ganz und gar in Verfall gerät". Auf diese Vision hin erbettelte Franz Baumaterial und begann die kleine romanische Kirche eigenhändig wiederherzustellen so wie auch die außerhalb von Assisi liegende **Portiunkula**, bekannt unter dem Namen **Santa Maria degli Angeli**.

Magisch zieht auch das ***Innere der Basilica San Francesco*** *den Blick des Reisenden an und lässt ihn in die Bilderwelt eintauchen.*

Reichtum durch Armut

Vor allem für wohltätige Zwecke und für die baulichen Wiederherstellungsarbeiten an **San Damiano** nahm der Sohn Waren und Geld aus dem Geschäft seiner Eltern. Dies führte zum endgültigen Konflikt mit dem Vater, der schließlich einen Prozess vor dem Bischof gegen seinen eigenen Sohn führte.

In der Gerichtsverhandlung, die 1206 öffentlich auf dem Domplatz stattfand, entkleidete sich Franziskus vollständig , verzichtete mit einer dramatischen Geste auf sein Erbe und sagte sich vom Vater los mit den Worten: »Bis heute habe ich dich meinen Vater genannt auf dieser Erde; von nun an will ich sagen: „Vater, der du bist im Himmel". Der Bruch war nicht mehr zu kitten. Franz gab seinem Vater die Kleider zurück und verzichtete endgültig auf seinen Besitz. Doch ist dies nur eine der von Giotto so eindrucksvoll in Szene gesetzten Bilder aus dem Leben dieses ungewöhnlichen Außenseiters. Danach lebte Franziskus außerhalb der Stadtmauern als Einsiedler, ging bettelnd von Haus zu Haus mit seiner freigewählten „Herrin Armut", betete in den kleinen Kapellen im Umkreis Assisis und fühlte sich der Natur so nahe, dass er sogar die „Sprache der Vögel" verstand.

Noch nach all den Jahren lassen mich die Bilder Giottos nicht los. Es muss doch etwas an dem beispielhaften Leben des Mönchs sein. Lässt es sich unmittelbar erfahren, wenn man in Assisi ganz langsam – wandernd wie ein Mönch – von Ort zu Ort, von Bild zu Bild, von Zeichen zu Zeichen, den Sonnengesang und die Vogelpredigt im Ohr, sich meditierend nähert?

Petra Kammann

Ebenfalls ein Ort der Stille ist der ***Kreuzgang*** *im* ***Sacro Convento*** *bei der Basilika.*

Mystik in Umbrien

Schon das Mittelalter hatte ein mystisches Feuer in die Seelen und Herzen der Menschen gebracht. Auch heute noch, ein paar hundert Jahre später, ist Umbrien von einer tiefen Religiosität geprägt und zieht Pilger aus aller Welt an.

Aber auch schon in der Römerzeit erfreute sich Jupiter an den Steineichenwäldern, die ihm geweiht waren. Sybille sprach ihre Weissagungen in der berühmten Grotte und der Gott des Flusses, Klytumnus, sprach zu seinem Orakel.

Wallfahrtsorte und Heilige

Mit dem Beginn der Christianisierung wurde Umbrien das Land der Heiligen, Kirchen und Klöster. Sie beeinflussten im wesentlichen das kulturelle Leben. Mit der Kunst ging auch eine tiefe Frömmigkeit einher. So war Assisi im 13. Jahrhundert eine außergewöhnliche Werkstätte des Glaubens, der Architektur und der Malerei. Aber diese Gegend ist nicht allein vom hl. Franzikus geprägt, sondern auch schon vom 480 in **Norcia** geborenen **hl. Benedikt**, dessen Ordensregel wesentlich zur Verbreitung des Mönchtums beigetragen hatte. Ebenso berühmt ist der **hl. Valentin**, Stadtpatron von Terni, der 175 dort geboren wurde und nach seinem Märtyrertod wieder dorthin gebracht wurde. Da er die Hochzeit zwischen einem heidnischen Legionär und einem Christenmädchen vollzogen

hatte, wurde er zum Schutzpatron der Liebenden ernannt, weshalb ihm zu Ehren jedes Jahr am 14. Februar der **Valentinstag** gefeiert wird. In der Basilika von Todi heiraten an diesem Tag Hunderte von Paaren. Auch in Umbrien gibt es zahlreiche Heilige unter den Frauen von der **hl. Klara von Assisi** bis hin zur **hl. Rita von Cascia**, die in Italien auch heute noch hoch verehrt werden.

Hier in den Wäldern ***Eremo delle Carceri*** *kommt man der Einsiedelei des Franziskus wandernd näher.*

So gibt es in Umbrien auch ein dichtes Netz von Marienwallfahrtsorten, die alle nach dem Mittelalter gegründet wurden wie zum Beispiel die Wallfahrtskirche **Madonna dei Bagni** in der Nähe von **Deruta**, die wegen ihrer Weihegaben, den 600 Majoliken, berühmt wurde.

Leuchten über der Valle Umbra

„Wer bei Sonnenuntergang von der Ebene nach Assisi aufschaut, nimmt ein unverwechselbares Leuchten wahr, das die Stadt in einem ambrafarbenen Licht erscheinen lässt, das von den roten Steinen des Berges reflektiert. Die Landschaft, die Wärme, das Licht, die Häuser, die mittelalterlichen Kirchen und Türme, die Plätze und Sehenswürdigkeiten sind wie ein zarter Hauch, welcher das Flair dieser Stadt so außergewöhnlich und einzigartig macht“, schrieb der Philosoph Giovanni Astengo.

*Die Spuren der Vergangenheit werden sichtbar in den zahlreichen **Kirchtürmchen**, den natürlich gemauerten Häusern, den schmiedeeisernen Ornamenten und an den alten Dachschindeln. Auch das gehört zum **Charme** einer mittelitalienischen Kleinstadt.*

Schlendert man in Assisi durch die engen Gässchen und über die vielen Treppen, dann ist es wie ein Eintauchen in vergangene Zeiten. Beim Anblick der alten Rundbögen und Gewölbe fühlt man sich in frühere Zeitalter zurückversetzt. Die Spuren und die Jahrhunderte alte Patina erinnern an die Kunstfertigkeit ihrer Steinmetzmeister. Lediglich die Betriebsamkeit der Tagestouristen macht klar, dass wir im einundzwanigsten Jahrhundert leben, wenngleich die in **Assisi-Stein** gebauten mittelalterlichen Häuser heute noch lebendig wirken.

Der Kern der mittelalterlichen Stadt auf dem Hügel

Im Spätmittelalter waren in Assisi – wie auch andernorts in Umbrien – neue Niederlassungen entstanden, die man in den zeitgenössischen Dokumenten als **Castelli** bezeichnete. Charakteristisch ist für diese Art von echten Stadtbefestigungen der dominierende Wohnturm. In den meisten Fällen zeichnen sie sich durch den engen Zusammenschluss der Häuser aus, welche mit ihren Außenfassaden die Ringmauer der Niederlassung selbst bildeten. Die Entwicklung dieser Niederlassungen erfuhr zwei Blütezeiten: einmal als Folge der Bevölkerungsexplosion im 11. bis 13. Jh., dann auch als Folge der gestiegenen wirtschaftlichen Bedeutung der Landwirtschaft. So entstanden in dieser Zeit auch zahlreiche ländliche Anwesen.

Doch ist kaum ein Stadtbild so sehr von **Heiligen** geprägt wie die Stadt mit den römischen Grundfesten im Herzen Italiens, Assisi, das in der mittelalterlichen Provinz **Perugia** liegt. Sie breitete sich auf 185 Quadratkilometern teils auf dem Hügel, teils im Tiberina-Tal aus, das Umbrien von Norden nach Süden durchläuft. Dort schlängelt und windet sich der Fluss **Tiber** durch ein fruchtbares Schwemm- und Hügelland. Die harmonisch bäuerliche Landschaft dieses Tales nimmt dabei die Merkmale der nahen toskanischen Mulden auf. Die hier liegenden Städtchen sind reich an Geschichte, an Spuren der Vergangenheit, an Kunstwerken und an noch lebendigen handwerklichen Traditionen.

Auskunft erteilt
Museo Civico di San Francesco, Via Ringhiera Umbra, Tel.: 074-2379598, Rathaus Piazza del Commune, www.commune-montefalco.it

*Vom **mittelalterlichen Kern** des Städtchens führen kleine Gässchen **auf die Ringmauer**, von der aus man die Welt der Landschaft überblicken kann.*

Weltkulturerbe

Nach der Begründung der UNESCO ist „diese Stadt mit ihrer kulturellen Landschaft und der Gesamtheit des Gebietssystems ein einzigartiges Beispiel historischer Kontinuität". Auch wenn das Erdbeben 1997 gravierende Schäden in der Oberkirche der **Basilica San Francesco** hinterlassen hatte – das Gewölbe war an zwei Stellen eingestürzt – konnte die Kontinuität wegen der unmittelbar aufgenommenen Renovierungsarbeiten, die in Rekordzeit abgeschlossen wurden, bald wieder hergestellt werden.

Minervatempel *Blickfang der Piazza Communale ist der korinthische „Tempio di Minerva", der schon Goethe faszinierte. 1593 wurde er in die barocke Kirche* ***Chiesa S. Minerva*** *umgebaut.*

Assisi kann man jederzeit besuchen. Natürlich stellt die Teilnahme an den Oster- und Weihnachtsmessen in der Basilika oder die Beteiligung am Friedensmarsch ein Erlebnis der besonderen Art dar. Im Frühjahr und im Herbst sind die Milde des Klimas, wie auch die Farbigkeit und die Düfte der Natur von besonderem Zauber. In diesen Jahreszeiten arbeitet das Licht die Struktur der hier so charakteristischen Steine besonders schön heraus.

Besichtigungsmöglichkeiten

Man sollte an der **Piazza del Commune**, am Marktplatz, beginnen. Dort kommt jeder einmal vorbei und alle Straßen des Ortes laufen hier zusammen. Es ist auch das Zentrum, von dem alles ausging. Hier hatte für das Städtchen, das ansonsten sehr religiös geprägt ist, der weltliche Charakter Vorrang. Zur Römerzeit befand sich hier das **Forum**, eine Art Marktplatz. Und in der Periode der Städteherrschaft wurde hier der Sitz der Stadtverwaltung eingerichtet. Der **Palazzo dei Priori** wurde zwischen 1275 und 1493 erbaut. Während seiner Bauzeit trafen sich dort die Prioren in der Cella des gegenüberliegenden Tempels aus der zweiten Hälfte des ersten Jahrhunderts v. Chr., der der Göttin der Weisheit, Minerva, geweiht war. Dabei handelt es sich um einen **Antentempel** (lat. „templum in antis"), ganz nach dem Vorbild des einfachen griechischen Tempels. Die Säulen, die das Gebälk und den Giebel trugen, waren korinthisch.

In den nahegelegenen Straßencafés oder am Fuße des Brunnens kann man hier das geschäftige Treiben der Touristen ungestört an sich vorbeiziehen und die antike Atmosphäre auf sich einwirken lassen. Denn hier wird man nicht von Autos bedrängt. Die müssen nämlich draußen bleiben.

Auf diesem lebendigen Platz spielte sich einst die dramatische Szene ab, als der junge Francesco auf das große Erbe seines Vaters und reichen Tuchhändlers öffentlich verzichtete. Heute drängeln sich auf den Hauptstraßen der Innenstadt unzählige Geschäfte mit religiösen Andenken und lokalem Kunsthandwerk. Und an jedem Samstag wird in der **Via Alessi** und der **Via S.Gabriele dell'Addolorata** ein Wochenmarkt abgehalten.

*Der Duft von frisch gerösteten **Kastanien** macht trotz intensiver Sonneneinstrahlung klar, dass der **Herbst** schon begonnen hat.*

Abend in der Altstadt: Assisi intra muros

Heute bestimmen zumindestens am Tag die Touristen das Geschehen in Assisi. Erst am Abend kehrt hier Ruhe ein, wenn die zahlreichen Tagestouristen wieder die Stadt verlassen haben. Dann wird die Stadt zu einem neuen zweiten – geradezu familiären Leben – erweckt. Die Fremdenführer sind nach Hause gegangen. Die kleinen Restaurants, die „Trattorien", füllen sich. Nach und nach schließen auch die Souvenirläden. Und es wird nicht mehr gehämmert. Denn obwohl die wichtigsten Kunstschätze nach dem Erdbeben wieder gerettet sind, werden immer noch Häuser renoviert. Es wird saniert und die Straßen werden erneuert. Jetzt, wo die abendliche Stille einkehrt, scheint die Welt von Assisi völlig eins mit sich.

Einfach nur dem Plätschern des Brunnens lauschen und zur Ruhe kommen. Die ***Fonte Marcella*** *ist ein wunderschöner Brunnen aus dem 16. Jahrhundert .*

Dann kann man nicht nur einen der wundervollen ambrafarbenen Sonnenuntergänge genießen, sondern auch das unbefangene Spielen der Kinder am Brunnen an der **Piazza Santa Chiara** oder **San Rufino** und erleben, wie harmonisch vielfach auch alte Leute auf den Mäuerchen sitzen und plaudern, Nachrichten austauschen oder diskutieren.

Man kann sich auf den Rand der **Fonte Marcella**, des schönen Brunnens aus dem 16. Jahrhundert setzen, das Wasser durch die Hände rieseln lassen und beim friedlichen Turteln der Tauben die Eindrücke des Tages verarbeiten.

Oder man schlendert noch einmal gemächlich die **Via San Francesco** runter auf den weiten Vorplatz der Basilika und erlebt ihre ganze Schönheit in der warmen abendlichen Beleuchtung, bei der die ausgewogene Bogenarchitektur besonders gut zum Ausdruck kommt. Oder aber man wirft noch einen Blick auf die abends ebenfalls beleuchtete Festung, die **Rocca Maggiore**.

Zwei Minuten von der ***Piazza del Commune*** *entfernt, am Corso Mazzini, liegt das „Hotel dei Priori".*

Dabei durchziehen verführerische würzige Aromen die Stadt und machen Lust auf die umbrische Küche. Man kann den Tag dann ganz beschaulich in einer der vielen kleinen Trattorien ausklingen lassen.

Wie angenehm, wenn man hier im alten gewachsenen Kern des Ortes über Nacht bleiben kann. Man muss sich nur früh genug darum kümmern. Hotels und Unterkünfte gibt es hier in den verschiedensten Kategorien. Man kann auch ganz einfach in einem Kloster wohnen. Das ist nicht nur günstig. Die Klosterräume lenken vor allem auch nicht vom Wesentlichen ab.

Wo immer man nächtigt, es ist auf jeden Fall eine bereichernde Erfahrung, wenn man am nächsten Morgen zwischen sechs und acht mit dem erwachenden Licht oder bei einer Morgenandacht den neuen Tag erleben kann.

Der Minervatempel auf der ***Piazza del Comune*** *der Römerstadt Assisium aus dem ersten Jahrhundert und die unregelmäßig versetzten mittelalterlichen Palazzi entfalten zusammen mit dem leichten Anstieg der Straße einen ganz eigenen Reiz.*

Die Geschichte der Stadt

Assisi (lat. Assisium) wurde von den Römern terrassenförmig auf einem Felsrücken des **Monte Subasio** errichtet.

Aus römischer Zeit finden sich heute auch noch die **Stadtmauern**, das **Forum**, der Marktplatz, die **Piazza del Commune**, ein Theater, ein **Amphitheater** und der **Tempel der Minerva**, der später als die Kirche **Santa Maria sopra Minerva** umgebaut wurde. Im Jahre 545 wurde der Ort größtenteils von den Ostgoten zerstört, später geriet er unter die Herrschaft der Lombarden und wurde danach den Grafen von Spoleto unterstellt.

Im Jahre 1181/1182 wurde der berühmteste Sohn der Stadt, der hl. Franz von Assisi, hier geboren. Kurz nach seiner Geburt wurde der spätere Stauferkaiser **Friedrich II.** in Assisi getauft. Er wuchs in der **Rocca Maggiore** auf, die oberhalb der Stadt liegt.

Der Kaiser Friedrich Barbarossa

Friedrich I. hatte Assisi direkt unter kaiserliche Vollmacht gestellt. Durch den Aufstand von 1198 wurden die Statthalter des Kaisers verjagt und die Ära der freien Kommune eingeleitet. Wie schon erwähnt, fällt in diese Zeit auch die Geburt des hl. Franziskus.

Das dreizehnte Jahrhundert war der historische Glanzpunkt für Assisi, während sich im 14. Jahrhundert der Niedergang einstellte. Der Streit der innerstädtischen Parteien (Ober- und Unterstadt) kam nicht zur Ruhe. Vom 16. bis zum 18. Jahrhundert gehörte Assisi dem Kirchenstaat. Die Wiederentdeckung der sterblichen Überreste der beiden Heiligen, **Franziskus** und **Klara**, im 19. Jahrhundert ließ Assisi wieder zum Reiseziel für Pilger werden. Besondere Anziehungspunkte sind daher die Kirchen **San Francesco** und **Santa Chiara**, die Grabstätten des hl. Franziskus und der hl. Klara, durch die Assisi ein bedeutender Pilgerort des Christentums geworden ist.

*Mitten im Zentrum der Altstadt liegt das reizvolle Ensemble mit dem **Palazzo Publico**, dem Brunnen und den Straßencafés.*

Die imposante Doppelkirche San Francesco (Baubeginn 1228) wurde am 26. September 1997 bei einem schweren **Erdbeben** stark beschädigt. Die wertvollen **Giotto**- und **Cimabue**- Fresken in Ober- und Unterkirche wurden wieder restauriert. Die **Basilica San Francesco** gehört wie die anderen franziskanischen Pilgerstätten in Assisi seit 2000 zum **Weltkulturerbe der UNESCO**.

Die Handwerkskunst

Kunsthandwerk und Handwerkskunst lassen sich vom Alltag nicht trennen. Sie sind Ausdruck des Lebens, der Geschichte, der Kultur und auch der Liebe zum Land, in dem man aufwächst.

Der hl. Franziskus verlangte von seinen Brüdern, dass sie von ihrer Hände Arbeit leben. Und wer nichts konnte, der sollte etwas lernen. Aber nicht nur die Brüder, sondern auch die **Klarissinnen** befolgten die Benediktinerregel des **ora et labora, bete und arbeite.**

Die Geschichte zeigt, dass im 13. und 14. Jahrhundert von Assisi handwerkliche Impulse ausgingen. Hierher kamen **Steinmetze, Intarsienleger, Keramiker, Holzverarbeitung** und der **Glaserei**.

An zahlreichen Häusern befinden sich höchst kunstvolle ***Schmiedearbeiten****. Auch bei der Renovierung legt man Wert darauf.*

Das Kunsthandwerk hat heute noch ein weitverbreiteten guten Ruf, dank so bekannter Namen wie Artaserse und Maceo Angeli, Franco Ruffinelli, **Maler** und Keramiker, und Meister der **Schnitzkunst** wie die Brüder Santini, **Schmiede** wie Rinaldi, Berlenga, Siamma, Assunti und Brunozzi oder auch **Glaser** wie Renato Rossi.

Der Punto Assisi: Kreuzstickereien

Die traditionelle Stickkunst erlebte vor allem in den 30er Jahren des letzten Jahrhunderts wieder besonderen Aufschwung. Entstanden war sie in Konventen und Sakristeien und hat sich dann auch in Privathäusern verbreitet. Dort diente sie zur Verzierung von Wäsche, Hochzeitskleidern, Tischen und Betten. Der **Punto Assisi, der Assisi-Stich**, gehört immer noch zur regionalen Handwerkstradition und wird heute sogar z.T. von Männern erlernt. Im traditionellen Zentrum für Stickerei **Assunti** im **Laboratorio San Francesco** wurde die Stickkunst neu belebt. Hier werden Kurse durchgeführt und Ausstellungen auf hohem Niveau präsentiert. Den Assisi-Stich hat man sich übrigens patentieren lassen. Dabei wurde u.a. eine alte Form des Stickens wiederbelebt: der Catarina di Medici-Stich. Überall sieht man in den kleinen Läden Beispiele dieser Handwerkskunst, bei Priestergewändern, Decken bis hin zu kleinen Lavendelsäckchen.

Stickereien
Fast in jedem zweiten Haus findet man Stickereien. Sakrale Gewänder, Kultgegenstände, Decken findet man bei **Ricami di Assisi**, Pizzi e arredi, in der Via S. Rufino, 1/c

Traditionelle Feste und religiöse Traditionen in Assisi

Stark in der Tradition verwurzelt sind vor allem die religiösen Zeremonien, besonders in der Karwoche. So wird am **Gründonnerstag** in der Kathedrale ein Kruzifix des 16. Jahrhunderts vom Stamm des Kreuzes abgenommen und am **Karfreitag** feierlich zur Basilica San Francesco wieder zurück getragen. Die Abendprozession wirkt besonders atmosphärisch, weil die Gassen nur mit Fackeln beleuchtet sind. Ebenso charakteristisch ist die **„Flohprozession"**, acht Tage nach Fronleichnam. Die Einwohner des höhergelegenen Stadtteils legen dann künstlerisch gestaltete Blumenteppiche in den Gässchen aus.

Zu den besonderen Festen in Assisi zählt der **Calendimaggio**. Schon im Namen klingt an, dass das dreitägige Fest im Mai stattfindet – und zwar am ersten Wochenende mit einem farbenprächtigen Umzug. Die Bewohner der Ober- und der Unterstadt treten dabei in einen Wettbewerb – mit historischen Kostümen, einem frühlingshaften Blumenkorso und mit Fahnenschwingern. In Theatervorführungen, Konzerten, Liedvorträgen und in Vorführungen der Boden- und Armbrustschützen treten die beiden dem Mittelalter nachgebildeten Parteien zum großartigen Wettkampf an. Daneben messen sich die Stadtteile im Gesang, im Blumenwettbewerb und stellen ihren Reichtum an Fahnen und Fackeln zur Schau. Am Sonntagabend werden dann die besten Frühlingsdarsteller auf der **Piazza Communale** gekürt.

Am **22. Juni** wird das Ordensgelübde der heiligen Klara gefeiert, für das die Stadtverwaltung Votivkerzen spendet. Zwischen dem **31. Juli** und dem **2. August** strömen viele Pilger nach Santa Maria degli Angeli, um den **„perdono“**, den **„Portiunkula-Ablass“**, zu empfangen, den Franziskus bei Honorius III. erbeten hatte.

Am **3. und 4. Oktober** wird das **Fest des heiligen Franziskus** begangen. Das Öl für das ewige Licht über dem Grabmal des Heiligen wird abwechselnd durch eine italienische Region, die sich in den beiden Tagen auch durch folkloristische Darbietungen vorstellt, überbracht.

In der **Weihnachtszeit** werden in Kirchen und in den Gässchen **Krippen** von hohem künstlerischem Wert aufgebaut. Und die Bevölkerung nimmt – wie auch anderswo in Umbrien – an „lebendigen Krippendarstellungen“ teil.

Beim Frühlingsfest, der ***Festa del Calendimaggio*** *Anfang Mai, treten Ober- und Unterstadt gegeneinander an. Und es geht ganz mittelalterlich zu.*

Al fresco: Malen auf den frischen Putz

Freskenmalerei war schon in der Antike beliebt. Man denke nur an die ausgemalten Villen in Pompeji oder Herculaneum. Im 13. Jahrhundert entwickelte der Florentiner Maler **Giotto** die Maltechnik der haltbaren Freskenmalerei mit einer Mischtechnik von **„fresco“** (frisch) und **„secco“** (trocken). Das Wort **Fresko** kommt aus dem Italienischen, von „dipingere al fresco“ = „Ins Frische malen“. D.h. die Wandmalereien wurden auf den frischen Putz gemalt, damit die Farbe nicht abblättern kann. Bei der *al fresco*-Malerei werden Farbpigmente in Kalkwasser angerührt und auf den noch frischen, also feuchten Putz, aufgetragen, damit sich die Kalkteilchen im Putz mit den Kalkteilchen in der Kalkfarbe vermengen. Beim Abbinden (Trocknen, Festwerden) entstand so eine homogene Kalkputzschicht mit eingearbeiteten Farbpigmenten.

Dass der Putz feucht ist, heißt jedoch nicht, dass er erst am Tag des Auftrags angefertigt wurde. Für die bedeutenden Werke der Kunstgeschichte wurde das Kalkgemisch fünf bis zehn Jahre lang gelagert. Je länger die Ablagerungszeit ist, desto cremiger ist ihre Konsistenz. Giotto hat nun Kalk und Sand vermischt und dies als Mörtelgrundschicht **(Ariccio)** auf die gesamte Wandfläche aufgetragen.

Sehenswert in der Oberkirche der Basilika
Wie in Rahmen gefasst wirken die Szenen aus dem Leben des Heiligen, hier schenkt Franziskus einem armen Ritter seinen Mantel.
Öffnungszeiten: 8.30 - 18.00 Uhr

Die Bemalung musste jedoch in einem Tag aufgetragen werden. Dies Tagwerk nannte man **Giornata**, d.h. es musste sehr schnell gemalt werden. Daher waren Ockervorzeichnungen, **Sinopien**, für die Gesamtkomposition sehr wichtig, da man später nicht mehr korrigieren konnte. Die Umrisszeichnungen aber scheinen durch den feuchten Putz.

Der Putz des nächsten Tages musste dann ganz vorsichtig bis an den bereits eingefärbten Putz des Vortages herangebracht werden, um nicht das bestehende Werk zu zerstören. Die dadurch entstehenden Stöße zwischen den einzelnen Tagewerken kann man bei einem bestimmten Licht noch heute erkennen. Die Zeit einer **Giornata** für Gesichter, die Giotto viel detaillierter gestaltete, war zwangsläufig knapper als für die großflächigen Hintergründe.

*Der Florentiner Maler **Giotto di Bondone** gestaltet bewusst den Gegensatz zwischen großzügigen Flächen als Hintergrund und Details in den individuellen Gesichtern.*

Leinen aus Montefalco: Ein Hauch von Klasse

*Die Gründer der traditionellen **Weberei** Pardi, die Gebrüder Mario, Tito und Pietro.*

Schlicht, elegant und natürlich, in zarten Erdfarben, die die Farbnuancen der umbrischen Hügellandschaftshängen widerspiegeln, hängen wunderschöne Handtücher, Tischläufer oder Tischdecken und Servietten mit traditionellen eingewebten Mustern vor den Türen einiger Läden in Assisi, Montefalco, Perugia. Sie bestechen durch ihre diskrete Leuchtkraft und sichtbare Liebe zur Natur. Man spürt den gekonnten Umgang mit dem Stoff, mit traditionellen Mustern, die auf dem hochwertigen Leinen besonders gut zur Geltung kommen.

Dies edle Leinen oder Baumwoll-Leinengemisch „**Telaio di Montefalco**" ist berühmt für seine qualitativ hochwertige Jacquard-Webtechnik. Daher wird dieser Stoff besonders gerne in entsprechend edel dekorierten Landhäusern eingesetzt. Die Stoffe aus dem Hause **Tessitura Pardi** sind harmonisch aufeinander abgestimmt. Sie versehen diese kunsthandwerklich eingerichteten Häuser mit einem Hauch von Klasse.

Tessuti di Montefalco
Via Ringhiera Umbra
Tel.:, Fax: 0742 / 378119
Montefalco
Il Telaio si
Assisi, Via Borgo Aretino, 11/A
Tel.: 075-8155125
Manufaktur: TESSITURA PARDI
S. Zona Ind. Bas)
www.tessiturapardi.com

Tradition einer Weberei

Die Weberei , die 1919 von den Brüdern **Mario, Tito und Pietro Pardi** gegründet wurde, besteht seit nunmehr drei Generationen. Im Grunde nehmen sie die textile Tradition Umbriens aus dem 13. Jahrhundert wieder auf. Für sie stand von Anbeginn an die Verschmelzung von Qualität,

Natur, Tradition, Kunst und Kultur in Umbrien im Vordergrund. Seit über 50 Jahren stellen sie **Weißwäsche** und Stoffe für Innenausstattung her. Noch heute arbeitet der Betrieb mit 42 mechanischen Webstühlen mit Jacquard-Schiffchen. Die Stoffe werden sowohl in der Kette als auch im Schuss aus den Naturfasern Leinen und Baumwolle mit zweifarbigen Garnen hergestellt, so dass man sie doppelseitig benutzen kann. Die erfahrenen Kunsthandwerker widmen sich voll Hingabe der typischen „**Jacquard**"-Verarbeitung auf Webstühlen mit mechanisch betätigten Webschiffchen.

So werden Muster in diese Stoffe eingewebt. Das geht von den geometrischen Motiven der volkstümlichen Tradition Umbriens bis hin zu den Ausschmückungen, die in der figurativen Kunst der antiken Mittelmeerkultur zu finden sind, von den schlichten Formen der Giotto-Schule bis zu den harmonisch-heiteren Stilelementen der **Renaissance** oder den gewundenen Linien und Blumenmotiven des **Liberty**.

Zwar wird die Tradition der schönen Ornamente in der Weberei gepflegt, doch entwickelt die Manufaktur auch zeitgenössische Dekorationsstoffe. Im Vordergrund steht auch hier die Liebe zur schlichten und harmonischen Eleganz von Dingen, die einen im Alltag begleiten: Betttücher, Kissenbezüge, Tagesdecken, Vorhänge, Tischtücher, Sets, Servietten, Küchentücher, Kissen, Handtücher, Badetücher, Bademäntel und Artikel für die Inneneinrichtung, die sich unserer Lebensart anpassen.

Aus Baumwolle und aus reinem Leinen gewebt ist der ***Telaio di Montefalco****, den man in verschiedenen umbrischen Dörfchen findet. Außerdem ein wunderschönes Mitbringsel.*

Imposant und den Naturgewalten abgetrotzt wirkt die doppelstöckige Grabeskirche des heiligen Franziskus, die ***Basilica San Francesco****. Einen Rundgang sollte man von unten beginnen.*

Ein Meisterwerk zu Ehren des Heiligen

Die **Basilica San Francesco** ist nicht an einem Tag erbaut. Und sie ist auch nicht an einem Tag zu besichtigen, schon gar nicht, wenn am Wochenende die Menschenmassen in die Kirche drängen. Die Basilika gehört zu den großen Kunstdenkmälern Italiens und zählt mit Recht zum von der UNESCO ausgewählten Kulturerbe der Menschheit.

Unmöglich ist es, sich im Schnellgang in die Komplexität der Bildmotive der Fresken einzusehen und sich in der Geschichte ihrer Schöpfer auszukennen. So ist es sinnvoll, sich zunächst einmal den Bau sowie auch die Struktur des Gotteshauses vor Augen zu führen und die Gesamtanlage auf sich wirken zu lassen.

Bei der Basilika handelt es sich um eine auf einem Hügel errichtete Doppelkirche mit zwei Ebenen. Die zunächst errichtete **Unterkirche** ist die **Grabes- und Pilgerkirche**, während die später gebaute **Oberkirche**, die mit ihrem Hauptportal zur Stadt geöffnet ist, der Seelsorge und den feierlichen Gottesdiensten für die Stadtbevölkerung gewidmet ist. Ursprünglich stand die Kirche frei, wobei die Oberkirche über eine Außentreppe zu erreichen war. Möglicherweise wurde diese **Oberkirche** erst 1244 nach dem Vorbild der **Sainte Chapelle** in Paris geplant. Die Gestaltung der Fassade der Oberkirche ist allerdings typisch umbrisch gegliedert in drei gleich hohe Abschnitte mit einer Fensterrose in der Mitte.

Die **Rundtürme** (torrioni) an den Langhausflanken haben sowohl die Funktion von Strebepfeilern als auch von Treppenhäusern. Insgesamt bot der Hügel nur eine geringe Baufläche, so dass eine gewaltige Unterkonstruktion aufgemauert werden musste, um die Errichtung der Gebäude überhaupt zu ermöglichen.

Basilica San Francesco
Piazza Inferiore di San Francesco
06081 Assisi PG
Tel.: 0039075-819001
Fax: 0039075-816187
www.sanfrancesco-assisi.org
sacronvento@sanfrancescoassisi.org

Die Magie der Unterkirche

Vom Langhaus der Unterkirche führen Treppen in die **Krypta** mit dem **Grab des hl. Franziskus.** Man sollte auch die Unterkirche mehrfach besuchen, um mit ihr vertraut zu werden. Das

Die Stimmung in der ***Unterkirche*** *wirkt geradezu mystisch.*

Auge übrigens muss sich, wenn man aus hellem Sonnenlicht kommt, erst langsam an die Dunkelheit gewöhnen. Vorzugsweise in den frühen Abendstunden herrscht in dem niedrigen, fast höhlenartigen Gewölbe eine besinnliche Gebetsatmosphäre. Die genaue Stelle, an welcher der Heilige begraben war, war lange Zeit unbekannt. Erst 1818 fand man sie direkt unter der Vierung und baute dann zu Ehren des Franziskus nach romanischem Vorbild eine Krypta.

Zur Unterkirche gehört eine Reihe von Seitenkapellen. Auf der linken Seite, in der **Sebastianskapelle**, sind die Reliquien des hl. Franziskus aufbewahrt. Hier befindet sich auch seine Kutte, die ihn sein Leben lang begleitete. In dem nicht gefärbten, vielfach geflickten Gewand wurde er auch vom Florentiner Maler **Cimabue** portraitiert.

An der linken Langhauswand liegt die **Martinskapelle**, im östlichen Querhaus, nördlich ausgerichtet, die **Kapelle Johannes des Täufers**; in östlicher Richtung findet sich die nicht ausgemalte **Kapelle des hl. Abtes Antonius** mit zwei schlichten Grabmälern. Auf der rechten, nördlichen Langhausseite folgt die **Katharinenkapelle** mit Szenen aus dem Leben der hl. Katharina von **Andrea da Bologna** und mit dem **Kruzifix** des **Giovanni di Tedesco** aus dem 14. Jahrhundert. Die **St. Stephanus-** oder **Ludwigskapelle**, die **Antoniuskapelle** und das **Laurentiuskapellchen** sind vom Hauptschiff aus zugänglich. Die Fresken der von **Giotto** ausgemalten **Magdalenenkapelle** wurden 1967 gereinigt. Die Fresken in der **Nikolauskapelle** werden einem Giotto-Schüler zugeschrieben. Die **Martinskapelle** gilt als eine der schönsten gotischen Kapellen Italiens. Sie wurde wohl von dem senesischen Maler **Simone Martini** um 1325 ausgemalt.

Die Oberkirche

Grazil und hell wirkt dagegen die gotische Oberkirche mit den weltweit bekannten Kunstwerken des Florentiner Malers **Giotto**. Die gegen Ende des 13. Jahrhundert gestalteten Fresken sind in die Felder eingefügt, welche sich durch die architektonische Gliederung ergeben. Die 28 Szenen spiegeln das Leben des heiligen Franziskus wider. Die Legendenszenen sind paarweise nebeneinander geordnet und scheinen den Betrachter unmittelbar anzuschauen. Giottos Malweise war zur damaligen Zeit revolutionär, weil sie die **Individualität** und die **Emotionalität** der dargestellten Menschen unterstreicht. In den Kompositionen werden aus den Menschengruppen einzelne Personen herausgehoben, die den jeweiligen Ausdruck der Szene verstärken und erhöhen. Außer den Giotti-Fresken sind noch andere Meisterwerke der italienischen Kunst zu sehen: so die Fresken von **Cimabue** (um 1280) in der Vierung

Schon ein erster Blick in die Oberkirche von ***San Francesco*** *zieht die Besucher in Bann. Die lebhafte Vita des Heiligen ist seitlich auf die Wände gemalt.*

und in der Apsis sowie eine mit hoher Kunst gestaltete wunderbare **Kreuzigungsszene** im Querschiff. Da den Farben ein Bleiweiß beigemischt war, sind sie gegenüber ihrem ursprünglichen Zustand stark verändert und wirken fast wie ein Foto-Negativ.

Ein Erdbeben im Jahr 1997 hinterließ vor allem gravierende Schäden an der **Oberkirche**. An zwei Stellen stürzte das Gewölbe ein, vier Menschen kamen dabei ums Leben. Auch der **Tympanon** wurde schwer beschädigt. Rund 130 Quadratmeter der mittelalterlichen Fresken zerstoben zu Tausenden von Trümmerstückchen, eine Wiederherstellung schien fast unmöglich. Doch ließen die unverzüglich in Angriff genommenen Renovierungs- und Restaurierungsarbeiten ein kleines Wunder entstehen: In der Rekordzeit von vier Jahren wurden sie mit großem Erfolg abgeschlossen.

Der Klosterbereich

Als **Sacro Convento** bezeichnen die Franziskaner das hinter der Basilika liegende **Mutterkloster**, das geistliche Zentrum ihres Ordens in Assisi. Das Gebäude des Klosters wurde am Fuße des **Monte Subasio** außerhalb der damaligen Stadtmauer gebaut: am so genannten *Höllenhügel* (Collo d'Inferno), wo die Hinrichtungen stattfanden. Es war Franziskus' Wille, hier begraben zu werden, in Erinnerung an sein Vorbild Jesus, der mit Verbrechern außerhalb von Jerusalem hingerichtet worden war.

Dieser 1239 fertiggestellte Klosterbereich enthielt ein **Refektorium** (Speisesaal), ein

Dormitorium (Schlafsaal), einen **Kapitelsaal** (Versammlungsraum), einen päpstlichen Saal und eine **Bibliothek**. In den ersten zwei Jahrhunderten ihrer Entstehung stand die Bibliothek mit einer großen Zahl von Handschriften im Wettstreit mit den Bibliotheken der Sorbonne in Paris und mit jener von Avignon. Im 15. Jahrhundert wurde das Kloster unter **Papst Sixtus IV.** stark vergrößert und als Sommerresidenz der Päpste genutzt. Im 17. Jahrhundert stifteten die spanischen Könige dem **Sacro Convento** ein größeres Gästehaus, so dass die Brüder besser die zahlreichen Pilger beherbergen konnten.

1971 wurde ein **theologisches Institut** eingerichtet, an dem Studenten aller Ordenszweige der Franziskaner, auch die der Schwesterngemeinschaften, sowie **Benediktiner** ausgebildet werden. Religiöse Studien können dort ebenfalls **Priesteramtskandidaten** der Diözese, aber auch **Laien** betreiben.

Sacro Convento
Von den Querschiffen der Unterkirche führen Treppen zum doppelgeschossigen Kreuzgang. Sehenswert ist auch das Museum (Tesoro) mit Manuskripten, Tafelbildern, Reliquarien und Sinopien.

San Rufino – Romanik in höchster Vollendung

Wenige Gehminuten von Santa Chiara entfernt liegt der **Duomo San Rufino** mit der beeindruckenden romanischen Fassade und mit dem schlichten rechteckigen Stein-Vorplatz, der **Piazza San Rufino**. Dieser frühromanische Dom wurde dem ersten Bischof von Assisi, dem Märtyrer San Rufino, geweiht. Mit dem Bau war schon im 8. Jahrhundert begonnen worden. Eine dreischiffige Basilika, die um 1030 errichtet wurde, liegt noch unter der Piazza. Aus dieser Zeit blieben noch die **Krypta** und auch der **Campanile** erhalten. Die Fassade des Doms entstand in drei Abschnitten.

Beeindruckend ist die Reliefarbeit des romanischen ***Tympanon*** *über dem Hauptportal mit den mythischen Tiergestalten.*

Die untere Zone und die drei Rosenfenster gehören zum Werk (1134) des Baumeisters **Giovanni da Gubbio**. Ein Gesims mit monströsen Tiergestalten schließt die untere Zone mit dem kassettenartig aufgeteilten Erdgeschoss ab. Die mittlere Rose, umgeben von den vier Evangelisten, wird von drei Gestalten gestützt, die auf Ungeheuern stehen – eine hervorragende Steinmetzarbeit. Der Giebel mit dem Spitzbogen, der vielleicht für ein Mosaik vorgesehen war, stammt aus einer späteren Bauepoche, ebenso ein Teil der Mauer über den niedrigen Seitenrosen.

Die beiden unteren Geschosse werden durch eine Zwerggalerie getrennt. Die reichverzierten Portale greifen biblische Szenen auf, während die sich bekämpfenden Tiere diedämonischen Mächte verkörpern, die man zu dieser Zeit aus dem Kircheninneren verbannte. Während die Figuren des mittleren

Tympanon mit dem thronenden Christus, der stillenden Muttergottes und dem hl. Rufinus eher grob angedeutet sind, wirken die trinkenden Löwen und Pfauen, die das Wasser des Lebens trinken, im Tympanon des Seitenportals sehr plastisch. Am rechten Portal befinden sich Medaillons mit dem Lamm Gottes sowie apokalyptische Wesen als Evangelistensymbole.

Im Inneren zeigt sich die dreischiffige Basilika mit den Veränderungen des Peruginer Architekten Galeazzo Alessi (1571) im Stile der Spätrenaissance. Im rechten Schiff findet man noch das Taufbecken, in dem sowohl **Friedrich II.**, der **hl. Franziskus** als auch die **hl. Klara** getauft wurden. Im verborgen liegenden Dom-Museum finden sich ein Madonnen-Tryptychon des sogenannten Meisters **Alunno** und Fresken mit Szenen aus dem Leben des hl. Rufinus. In die **Krypta** mit den antiken Spolien auf den Kapitellen gelangt man von der rechten Seite des Domplatzes aus.

Der **Dom San Rufino** – eine der schönsten romanischen Kirchen, ist dem 239 gestorbenen Märtyrer, dem Bischof Rufinus, geweiht.
Öffnungszeiten:
tgl. 7.00 - 12.00 Uhr, 14.00 - 19.00 Uhr

Die Grabeskirche Santa Chiara

Mit dem Bau der Grabeskirchen der hl. Klara, der **Basilica Santa Chiara**, wurde 1257, also bereits zwei Jahre nach der Heiligsprechung der Klara, begonnen. Seit der Überführung der sterblichen Überreste der hl. Klara wurde die Basilika zur offiziellen Ordenskirche der Klarissinnen und schließlich 1265 geweiht.

Die Basilica Santa Chiara liegt an der Piazza Santa Chiara nahe der Porta Nuova. In den Ferien finden Messen zu folgenden Zeiten statt: 7.00 Uhr, 9.00 Uhr, 17.30 Uhr, an Festtagen: 7.00 Uhr, 9.00 Uhr, 11.30 Uhr und 17.30 Uhr

Die Lage der Basilika in der Oberstadt mit der weiten Panorama-Terrasse ist ebenso spektakulär wie ihre extrem weiten stützenden Strebepfeiler am Außenbau, die die Kirche beim schweren Erdbeben von 1997 vor größeren Schäden bewahrt haben. Ihr gesamter Außenbau ist rosa-weiß gebändert – ganz nach dem Gestaltungsprinzip der romanisch-arabischen Romanik. Der Stein, wie in den meisten Kirchen, stammt vom **Monte Subasio** und wird auch **„Pietro d'Assisi"** genannt.

Der Innenraum erinnert an die Oberkirche der **Basilica San Francesco** in der rechten mit Fresken ausgemalten **Capella del Crocifisso**, Teil der früheren Kirche an Giorgio, in der Francesco zunächst begraben und später auch heilig gesprochen wurde. Auf dem Hochaltar hängt hier das berühmte Kruzifix aus **San Damiano**, das zu **Franziskus** gesprochen und ihn zum Wiederaufbau der Kirche aufgerufen hat. Darauf sieht man einen byzantinisch wirkenden triumphierenden Christus.

Die Fresken im Querschiff aus dem 13. und 14. Jahrhundert haben vor allem Episoden aus dem Leben der hl. Klara zum Gegenstand, so etwa die Szene, wie ihr Vater versucht, sie vom Kloster fortzuziehen.

1850 hatte man die Gebeine der hl. Klara wiederentdeckt, und 1935 entschloss man sich, die **Krypta** neugotisch umzugestalten.

Beeindruckend ist der weite Vorplatz der Kirche, die **Piazza Santa Chiara**, die übrigens bevorzugt von der einheimischen Bevölkerung wahrgenommen wird. Hier sitzt und plaudert man entspannt, während die Kinder spielen oder sich sportlich betätigen. Von hier aus hat man nicht nur einen herrlichen Blick auf die Landschaft, sondern auch auf die Apsiden der Kirche **Santa Maria Maggiore**.

Eine Art Kontrapunkt zur Franziskus-Basilika am anderen Ende der Stadt ist die ***Basilica Santa Chiara****, die Kirche der hl. Klara, der Lebensfreundin des Franziskus. Dort wird das berühmte Kruzifix, das zu Franziskus gesprochen hat, aufbewahrt.*

Architektonische Kleinode

Schlichte Romanik in San Pietro und Santo Stefano

Am südwestlichen Stadtrand von Assisi, von **San Francesco** aus mehrere Treppengassen abwärts, tut sich dem Betrachter der gesamte Komplex des Klosters **San Pietro** auf. Die Kuppel der Kirche nimmt man auch von weiter oben wahr, wenn man von der **Piazza Santa Chiara** herunterschaut.

Die ehemalige Benediktinerabtei wurde erstmals 970 erwähnt. Wie auch **Santa Maria Maggiore** ist **San Pietro** eine romanische Kirche des 12. / 13. Jahrhunderts. Die Fassade ist von großer Strenge und Klarheit mit ihren sechs rechteckigen Feldern, die jeweils durch eine Fensterrose geöffnet sind. Prächtig prangt die Rosette über dem Mittelfeld.

*Die **Abazia San Pietro** beeindruckt durch ihre romanisch strenge und schnörkellose Architektur.*

Ursprünglich, so wird angenommen, hat ein Dreiecksgiebel die Fassade abgeschlossen. Er wurde vermutlich im 19. Jahrhundert bei einem Erdbeben zerstört. Besonders eindrucksvoll und höchst raffiniert in seiner Schlichtheit ist auch der Innenraum: eine spätromanische Pfeilerbasilika mit einem offenen Dachstuhl über dem Mittelschiff und Tonnengewölben über den Seitenschiffen. Der Innenraum wirkt insgesamt geheimnisvoll, weil das Licht fast ausschließlich durch die Rosettenöffnungen fällt.

In der seitlich liegenden **Krypta** ist heute ein Sakralmuseum eingerichtet.

*Wesentlich ist das natürliche Licht, das in **San Pietro** durch die Rosetten, welche die Steinfassade durchbrechen, in die Abtei fällt.*

Versteckter Schatz

Fast ein Geheimtipp, weil etwas versteckt liegend, ist das aus weißem Subasiostein errichtete Kirchlein **Santo Stefano**. Wenn man von der **Piazza del Commune** kommt, liegt es seitlich der **Via San Paolo** an einem Gärtchen. Seine schlichte Giebelfassade, das hübsche Portal und das Glockentürmchen aus dem Jahre 1088 wirken überzeugend einfach und damit der franziskanischen Lebensweise verwandt. Der Legende nach sollen die Glocken des kleinen Türmchens in Franziskus' Todesstunde geschlagen haben.

Öffnungszeiten:
tgl. 8.00 - 18.00 Uhr/ 19.00 Uhr
Informationen zu Santo Stefano
Tel.: 075-8130850

Für Pilger und Wallfahrer die erste Anlaufstelle im Tal: die ***Piazza Porziuncola:*** *Santa Maria degli Angeli Im Sommer ist die Basilika bis 19.45 Uhr geöffnet.*

Hier trifft sich die Weltkirche:
Santa Maria degli Angeli

Wenn man durch die **Valle Umbra** in Richtung Assisi fährt, leuchtet schon von weitem die Kuppel mit der goldbronzenen Muttergottesstatue von **Santa Maria degli Angeli**. Die südwestlich gelegene Basilika ist mit ihrer Länge von 115 Metern die siebtgrößte Kirche der Christenheit. **Papst Pius IV.** ließ im 16. Jahrhundert diese gewaltige Basilika errichten, um die Pilgerscharen aufzunehmen, die alljährlich am 1. und 2. August zum Ablassgebet hierher strömen. Schon Franziskus selbst hatte den Papst um Gnadenablass für die Besucher des für ihn heiligen Ortes gebeten.

Abertausende von Wallfahrern ehren hier den **Sterbeort des hl. Franziskus**. Das hat zwangsläufig auch die Souvenirhändler so sehr angezogen, dass inzwischen der Vorplatz seitlich von etlichen Buden gesäumt ist. Sie bieten Ansichtskarten, Stoff-Mönche, Gartenzwerge, Rosenkränze, Sonnenbrillen und T-Shirts mit Francesco-Motiven u.ä. Devotionalien feil.

Die gigantische Kirche ist der Triumph des Barock über die franziskanische Schlichtheit. Beim Bau wurde hier an nichts gespart. Der Grundstein zur Wallfahrtskirche war bereits 1569 gelegt worden. Doch fast ein Jahrhundert später erst konnte die Kuppel vollendet werden. Die Kuppelkirche im

Die eigentliche mächtige Wallfahrtskirche im Tal ist Santa Maria degli Angeli *mit einer Länge von 115 Metern. Prunkvoll wurde sie nach Alessis Plänen über die Portiunkula-Kapelle gebaut. Der franziskanische* ***Brudergruß*** *ist hier in Marmor eingelassen.*

römischen Stil war nun einmal das umbrische Vorzeigeprojekt des Starbaumeisters **Galeazzo Alessi** aus **Perugia**, der sich durch den Bau der Genueser Patrizierpaläste einen Namen gemacht hatte. Trotz der langen Bauzeit folgten die Baumeister den Plänen Alessis.

Für die Pilgerscharen wurde eigens ein riesiger Vorplatz geschaffen sowie ein Brunnen mit 26 Wasserstellen. Es waren keine Geringeren als die **Medici**, die 1610 die 26-strahlige Tränke an der Nordflanke spendierten. Während des großen **Erdbebens** 1832 waren dann die Gewölbe des Mittelschiffs zerstört worden, so dass diese wie auch Teile der Seitenschiffe in den folgenden Jahren wieder aufgebaut werden mussten.

1909 wurde die Kirche zur Patriarchalbasilika mit **Papstkapelle** (Capella Papalis) erhoben und ihr Titel als *Haupt und Mutter aller Kirchen des ganzen Ordens der Minderbrüder* bestätigt.

Die an die Fassade angefügte Vorhalle entstand zwischen 1924 und 1930, so dass diese Kirche im Verhältnis zu den anderen franziskanischen Gedenkstätten sehr neu erscheint mit dem übersichtlichen und klar in drei Schiffe gegliederten Innenraum. Unter der geräumigen Kuppel in der Vierung blieb glücklicherweise beim Erdbeben von 1932 die überbaute kleine **Portiunkula-Kapelle** erhalten, die die eigentliche Gedenkstätte und dort ein richtiges Kleinod ist sowie die **Capella del Transito**, in der Franziskus 1226 starb und wo eine Majolika von **Lucca della Robbia** darauf aufmerksam macht.

Original und Überbau: Die eigentliche Gebetskirche des Franziskus, die ***Portiunkula*** *macht sich gegenüber der barocken Kirche bescheiden aus, auch wenn sie mit wertvollen Fresken ausgemalt ist.*

Franziskanischer Boden: Authentisches und Neues

Franzikus hatte eine Vorliebe für den Ort **Santa Maria degli Angeli**. Auf der Suche nach einer Kirche für seine junge Gemeinschaft hatten ihm die Benediktiner vom Monte Subasio die Portiunkula zur Verfügung gestellt. Sie war seinerzeit eine kleine Kirche auf freiem Grund, die der Heilige nach den Anweisungen der Stimme eigenhändig aufbaute. Dorthin kamen auch seine ersten Anhänger, für die er Hütten aus Lehm und Schilfrohr errichten ließ. Auch die **hl. Klara** wurde hier in den Orden aufgenommen. Und hier geschah das sogenannte „Rosenwunder", das besagt, dass Franziskus sich hier nackt in einen wilden Rosenstrauch geworfen haben soll, der daraufhin sofort seine Dornen verlor.

In den Rosengarten, den Roseto, gelangt man vom rechten Querschiff aus. Die **Capella del Roseto** wiederum malte Tiberio d'Assisi 1516 mit Fresken aus: *Franziskus wirft sich in den Rosengarten* und *Er wird von zwei Engeln zur Portiunkula geführt*, sowie einige Ablass-Szenen.

Dasselbe Thema hat **Tiberio d'Assisi** auch in **Montefalco** (s. S. 62) behandelt.

Auf diesem echt franziskanischen Boden hat sich die Moderne mit der Friedensbotschaft ***pax et bonum****, Friede und Heil, eingeschrieben.*

*Meditative Stille in der **Portiunkula**: Hier herrscht eine absolut konzentrierte und andächtige Atmosphäre. Hier wird gebetet und hier darf auf keinen Fall fotografiert werden.*

Die kleine Kapelle, in der die Pilger besonders andächtig beten, enthält einen wunderschön gemalten Retabel von **Ilario da Viterbo** (1393), der die Verkündigung und die Geschichte des Ablasses darstellt, während die äußere Rückwand mit dem Fresko eines Kalvarienbergs von **Andrea d'Assisi**, genannt **Igegno**, ausgeschmückt ist. Das Fresko über dem Eingang wurde jedoch erst 1829 von **Friedrich Overbeck** gemalt – eine Mischung aus Neo-Gotik und Barock.

Hier hat die Religion so gar nichts Demonstratives. Nach ***San Damiano*** *kommen die Menschen, um eine Zwiesprache mit Gott zu halten und eins mit sich zu werden.*

Ein besonderer Ort der Stille: San Damiano

Zu Assisi gehören auch ein paar wichtige Orte außerhalb der mittelalterlichen Stadtmauern, wie das Kirchlein **San Damiano**. Von der **Porta Nuova** aus dauert der Fußweg dorthin kaum mehr als eine Viertelstunde, mit dem Auto geht es natürlich noch bequemer. An diesem stimmungsvollen ländlichen Ort wird die franziskanische Lehre besonders greifbar. In San Damiano hatte Franziskus sein entscheidendes Umkehr-Erlebnis. Hier hörte er Christus Stimme, die aus dem Kreuz klang: „Franziskus, geh und bau mein Haus wieder auf, das, wie du siehst, ganz und gar in Verfall gerät". So beschreibt es sein erster Biograph, **Thomas von Celano**. Hier dichtete Franziskus seinen **Sonnengesang**. Die **hl. Klara** gründete hier das erste Kloster, und hier starb sie auch. 1225 weilte Franziskus wiederum hier, um sich von seinem Augenleiden zu erholen.

Öffnungszeiten:
tgl. 10.00 - 12.00 Uhr und 14.00 - 18.00 Uhr
(im Winter nur bis 16.30 Uhr)

In dem kleinen Kreuzgang des Klosters erlebt man die Stille auf ganz besondere Weise, auch wenn der freundliche Pater **Loek Bosch** bereitwillig das Gespräch mit Pilgern aufnimmt. Ein kleiner Betraum, ein paar Zellen und der **Klostergarten** können auch besichtigt werden. Im **Kreuzgang** nimmt man die Fresken von Eusebio da San Giorgio von der Stigmatisation des Franziskus wahr. Sehr ursprünglich wirkt das Refektorium mit den eher schlecht erhaltenen Fresken von Dono Doni, die das Wunder des sprechenden Kruzifixes zeigen. In dem einschiffigen Kirchlein befindet sich jetzt eine Kopie dieses Kreuzes, dessen Original heute in **Santa Chiara** aufbewahrt wird.

In der Apsis sind **Fresken** aus der Epoche des beginnenden 14. Jahrhunderts zu sehen. Das **Chorgestühl** stammt aus dem Jahr 1504. Rechts gelangt man durch ein Vestibül in den Chor der hl. Klara. Dort hielten die Klarissinnen das Stundengebet ab.

*Der Weg, der in das stille **Kloster San Damiano** führt, ist von Zypressen gesäumt.*

Die Einsiedelei in den Bergen

Etwa fünf Kilometer bergaufwärts von Assisi, am **Monte Subasio**, liegt auf 790 Meter Höhe das kleine Eremitenkloster **Eremo delle Carceri** mit einer Gebetskappelle, **Santa Maria delle Carceri**. Es lohnt sich, nicht nur des herrlichen Lichts und der Aussicht wegen, den Weg dorthin am frühen Morgen zu machen. Dann kann man auch mehr noch die dort herrschende meditative Ruhe genießen, bevor der Besucherdrang größer wird. Fährt man mit dem Auto oder Taxi, so geht es durch eine bewaldete Natur über die rund 30 km lange Straße, die nach **Spello** führt, vorbei an Schafherden, die etwas von der Stimmung vermitteln, die auch Franziskus zum Naturliebhaber werden ließ.

Die Bezeichnung der franziskanischen Gedenkstätte klingt zunächst einmal irreführend, da im heutigen italienischen Sprachgebrauch **„Carceri“** so viel wie „Gefängnis“ oder „Kerker“ bedeutet. In früheren Zeiten jedoch bezeichnete man so die „Abgeschiedenheit“ oder „Einsiedelei“. Franziskus suchte die Einsiedelei oft zu spiritueller Einkehr auf.

Als Francesco noch im Zweifel war, ob er lieber das Leben eines Einsiedlers oder das eines Predigers führen sollte, hatte er von **Portiunkula** aus einen Priester zu Chiara nach **San Damiano** ausgesandt; einen anderen zu Bruder Silvestro, der am Berg Subasio wohnte, mit der Bitte, eine Andacht zu halten, die ihm Klarheit über seine Entscheidung geben solle. Beide baten Francesco eindringlich, den einmal eingeschlagenen Weg weiterzugehen.

Vom hübschen Innenhof des Eremitenklosters führt ein Rundgang gleich in die kleine Kirche, das **Oratorium**, und anschließend in die Kapelle, die in den Fels hineingebaut ist. Man kann auch das in Fels gehauene Bett bestaunen, auf dem der Heilige schlief, wenn er sich in die Einsiedelei begab.

Das Klostergebäude geht im Wesentlichen auf die Initiative des heiligen **Bernhard von Siena** (um 1440) zurück. Ursprünglich hatte dieses Oratorium den Benediktinern gehört, bevor es in die Obhut der Franziskaner überging.

In der kleinen Kapelle am Ausgang der **Carceri** befindet sich das Grab des 1447 verstorbenen Bruders Barnaba Manasse, der das erste christliche Leihhaus in Perugia gegründet hatte: „I Monti di Pietà". Empfehlenswert ist auch der Gang in den Steineichenwald, vorbei an den Eremitengrotten.

Eremo delle Carceri
Öffnungszeiten:
tgl. 6.30 - 19.15 Uhr
(im Winter bis
17.30 Uhr)

Seit einiger Zeit ist die Gegend um den ***Monte Subasio Nationalpark*** *geworden. Der Respekt vor der hiesigen Natur hatte schon das Leben des hl. Franziskus geprägt.*

Die einmalige Bergwelt des Monte Subasio

Schon seit der Antike hatte Assisi eine symbiotische Beziehung zu seinem „Hausberg. Die Gegend um den 1290 Meter hohen **Monte Subasio** mit den zahlreichen immer noch authentischen Dörfern ist kulturell außerordentlich reich und auch Ausdruck der benediktinischen und franziskanischen Spiritualität. Sie bietet ausgedehnte Steineichenwälder, silbrig flimmernde Erlen und Pappeln, Wildbäche und eine prächtige Vegetation voller Farben und Düfte, vor allem im Frühjahr. Wegen ihrer Artenvielfalt wurde sie 1995 zum N**ationalpark**. Über 7000 Hektar Berglandschaft stehen dort heute unter **Naturschutz**.

Der Nationalpark wird im Norden durch den Fluss **Tescio**, im Südosten durch **Chiona**, im Osten durch die umbrische Ebene und im Südwesten durch **Spello** begrenzt. Der felsige, sanft gerundete Monte Subasio ist an einigen Stellen karstig, zum großen Teil aber bewaldet. Zu sehen sind auch kräuterreiche Bergwiesen. Um **Eremeo delle Carceri** herum wurden die Steineichenwälder, die auf einer Höhe zwischen 800 bis 1000 Metern wachsen und in Italien einmalig sind, schon immer von den Franziskanern geschützt. Die **Flora** auf dem Monte Subasio ist im Frühjahr und Sommer einmalig. Die Blumen wachsen üppig, speziell die Narzissen, deren Blüten besonders zu Christi Himmelfahrt gesammelt werden.

Eine fast biblische und ***pastorale Szene****: Schafherden auf dem Monte Subasio*

In **Spello** ist dies Anlass zu einem Blumenfest, der **„Infiorata"**. Narzissen schmücken dann die gesamte Stadt. Auch Orchideen, Butterblumen, Krokusse, Veilchen, Kornblumen und wilde Rosen kommen aus der fruchtbaren Bergregion. Obst und Gemüse wie Spargel, Chicorée, Wacholder und wilde Pfirsiche gedeihen in dieser äußerst variationsreichen Natur bestens. Als typische landwirtschaftliche Produkte gelten Honig, Olivenöl, Pilze und – im Herbst – Trüffel. Der Wald bietet auch ein ideales Umfeld für die Tierwelt: Hier leben Wölfe, Schlangen, Bussarde, Falken und Rotwild, Steinmarder und Wiesel. Außerdem liefert der Berg einen markanten Stein, den man noch heute an der Bergspitze vorfindet und aus dem viele umbrische Kirchen gebaut sind. Seine Farbe spielt zwischen hellgrau und rosa. Man nennt ihn **Assisi- oder Subasiostein**.

Natürlich lädt eine solch reiche Natur zum Wandern ein. Die verschiedenen Wege sind als **Trails** angezeigt. Der 20 km lange **Trail 51** berührt **Assisi, Costa di Trex** und **Rocca di Postignano** und endet in **Nocera Scalo**. Er gilt als letzter Weg, auf dem Franziskus gepilgert ist.

Information:
Assisi IAT Fremdenverkehrsamt,
Piazza del Commune, 22
Tel.: 0039075-812534
Fax: 0039075-813727
info@iat.assisi.pg
Communità Montana del Monte Subasio
Tel.: 0039074-275191

Mittagsruhe und Mittelalterflair in ***Bevagna****, wie hier auf der* ***Piazza Silvestri****. Es war der Ort, an dem der hl. Franziskus seine berühmte Vogelpredigt hielt.*

Bevagna zwischen römischer Antike und Mittelalter

Ein hübsches Städtchen mit malerischen Plätzen und winzigen engen Gassen ist **Bevagna** am Westrand der Valle Umbra. Das einstige Mevania an der alten, nach Rom führenden **Via Flaminia** ist von einer gut erhaltenen Stadtmauer umgeben. Und dies, obwohl die Stadt 1997 erheblich unter den Folgen des Erdbebens gelitten hat.

Eine Besonderheit ist das alte römische Amphitheater. Es ist von außen nicht mehr zu erkennen, weil es im Mittelalter einfach mit Häusern überbaut wurde. Im Inneren wiederum ist noch die frühere Konstruktion – mit den charakteristischen tragenden Gewölben – zu erkennen. Eines der Häuser ist als **Casa medievale** ganz nach mittelalterlicher Art eingerichtet. So wird anschaulich, wie die Menschen damals gelebt haben und welche Handwerkstechniken – die teilweise heute noch lebendig sind – sie beherrschten. So lebte **Bevagna** lange von seiner Korb- und Seilmachertradition. Ende Juni lockt hier alljährlich einer der schönsten Kunsthandwerksmärkte der Region, der **Mercato delle Gaite**.

Gut erhalten aus römischer Zeit sind noch eine Tempelanlage sowie ein Mosaik aus einer Therme aus dem 2. Jahrhundert, das heute im **Museo Civico** des **Palazzo Communale** gezeigt wird.

Die **Piazza Silvestri** beeindruckt mit einem der schönsten Ensembles mittelalterlicher Architektur in Umbrien. Der Brunnen in der Mitte des Platzes wirkt zwar mittelalterlich, ist aber kaum mehr als hundert Jahre alt. Der **Palazzo dei Consoli** mit seiner äußerst sehenswerten Außentreppe stammt aus dem 13. Jahrhundert.

Zu den weiteren Glanzpunkten Bevagnas gehört die 1195 vollendete romanische Kirche **San Silvestro**, die sich durch originell gedrehte Säulen an den Doppelfenstern über dem Portal ebenso auszeichnet wie durch den so schlicht wie raffiniert gestalteten Innenraum mit seinen vielfältigen Gewölben – oft gepriesen als eine der schönsten romanischen Kirchen Umbriens. Etwa aus der gleichen Zeit stammt auch die Kirche **San Michele** mit den romanischen Skulpturen an der Fassade und einer Rosette, die 1954 bei der Renovierung neu geschaffen wurde. Der Innenraum mit dem erhöhten Chor über der Krypta erinnert an **San Silvestro**. Wieder zugänglich ist die Kirche San Domenico. Auskünfte über Führungen zu den Sehenswürdigkeiten von **Bevagna** sind im **Palazzo dei Consoli** zu erhalten. Führungen werden in der Regel für den Vormittag angeboten, Gruppen können Sammeltickets erhalten.

Informationen:
IAT Foligno
Tel.: 0039074-4368111
www.bevagna.pg.it
www.bevagna.net
www.umbria2000.it

Blick in die ***casa medievale****, die über dem römischen Amphitheater gebaut wurde.*

Der Balkon Umbriens Montefalco

Westlich der alten **Via Flaminia** erhebt sich auf einem 473 m hohen Hügel das malerische **Montefalco**, umgeben von einer mittelalterlichen Stadtmauer. Das Städtchen mit seinen 6000 Einwohnern verdankt viel von seinem Charme der geographischen Lage, die ihm auch die Bezeichnung „la ringhiera dell'Umbria", „der Balkon Umbriens", eingebracht hat. So kann man von seinen Aussichtspunkten aus bis nach Perugia, Assisi, Spello, Foligno, Trevi, Spoleto, Gualda Cattaneo oder Bevagna schauen.

In der Ferne sieht man die Höhenzüge des **Appenin**, in der Nähe wiederum die grünen Hügel, Olivenhaine, Weinberge und lieblichen Täler, die so charakteristisch für die **Valle Umbra** sind. Im Mittelalter hieß die Stadt **Coccorone**. Der heutige Name Montefalco (Falkenberg) geht auf den Liebhaber der Falkenjagd, Friedrich II. von Hohenstaufen, zurück, der sich 1240 kurze Zeit in Coccorone aufgehalten hatte und die Falkenjagd liebte.

Mittagsruhe auf der Piazza in ***Montefalco****, einem bestens erhaltenen mittelalterlichen Städtchen der Valle Umbra.*

Die Kirche **San Francesco** wurde von den Minoriten (den minderen Brüdern) 1335 bis 1338 als drittes franziskanisches Bauwerk in der Gegend von Montefalco errichtet, aber als erstes innerhalb der Stadtmauern. Mitte des 19. Jahrhunderts ging sie in den Besitz der

Gemeinde über, die sie dann zum Museum machte. In ihm befinden sich die berühmten Fresken von **Benozzo Gozzoli** von 1452, die das Leben Franziskus‘ darstellen. Auch die berühmte **Krippe von Perugino** ist zu sehen, sowie zahlreiche **Fresken der umbrischen Schule** aus dem 15. Jahrhundert.

Schlendert man von der Museumskirche durch die Stadt, stößt man geradewegs auf den wunderschönen kreisförmigen Platz mit dem Rathaus, dem **Palazzo del Commune**, aus dem 13./14. Jahrhundert. Im ältesten Teil der Vorstadt, nahe der **Porta Camiano**, kann man die wunderbare Schlichtheit und Regelmäßigkeit der Fassade der winzigen Kirche **Santa Lucia** bewundern. In der Kirche **Sant‘Agostino** waren zahlreiche Maler, unter ihnen **Ambrogio Lorenzetti** und **Bartolomeo Caporali**, tätig.

Ein weiterer Glanzpunkt im von Klöstern dominierten Stadtgebiet ist die der Augustinianerin gewidmete Kirche **Santa Chiara da Montefalco** (1258-1309), deren **Kapelle Santa Croce** Fresken aus dem 13. Jahrhundert aus der umbrischen Malerschule schmücken. Die an Kirchen und Klöstern reiche Stadt hat neben der Kunst sehr viel an typischer umbrischer Lebensart zu bieten. Zu den kulinarischen Genüssen gehören der **Sagrantino di Montefalco**, ein Rotwein von höchster Qualität, sowie das einheimische Olivenöl und der Honig. Gelobt wird das hochwertige Töpferhandwerk, und die Leinentücher **„Il Telaio di Montefalco“** werden heute noch mit mittelalterlichen Mustern hergestellt.

Von der gut erhaltenen Stadtmauer der ***Porta Camaiano*** *aus laufen die Sträßchen auf die Piazza zu.*

Auskunft erteilt:
Museo Civico di San Francesco,
Via Ringhiera,
Umbra,
Tel.: 074-2379598
Rathaus,
Piazza del Commune,
www.commune-montefalco.it

Die Schokoladenseite Umbriens

Perugia

„Baci sono spiccioli d'amore" („Küsse sind das Kleingeld der Liebe") ist nur einer der Werbesprüche der Schokoladenfirma **Perugina** für die „Baci di Perugia", die Nougat-Pralinen mit der Nuss in der Mitte. Mit dem Namen wirbt die Confiserie überzeugend für die Stadt Perugia, die seit 1970 die Hauptstadt Umbriens ist.

Aber natürlich lohnt sich ein Besuch vom benachbarten Assisi aus nicht nur der Schokolade wegen. Die gut 150.000 Einwohner zählende Stadt Perugia hat jede Menge anderer Qualitäten zu bieten, die einen Besuch lohnen. Die Stadt, die sich auf den Hügeln über dem rechten Tiberufer erhebt, blickt auf eine kulturell lange und vielfältige Geschichte zurück, die sich in der Altstadt spiegelt.

Auch heute gilt sie als multikulturelles Zentrum, dank der Universität und der angesehenen Ausländeruniversität, der **Università Italiana per Stranieri**, in die Studenten aus der ganzen Welt kommen, um die italienische Sprache zu lernen und in die Kultur des Landes einzutauchen.

Perugias Geschichte

Die Mauern der Stadt sind alt und vielfach übereinander geschichtet. Manche Häuser gehen sogar über sechs Etagen. Über Rolltreppen gelangt man durch die verschiedenen Ebenen der Stadt mit ihren extremen Höhenunterschieden von der Antike über das Mittelalter bis in die Jetztzeit auf der quirligen **Piazza Italia**.

Das antike **Perusia** war eines der lebendigsten Etruskerzentren. Vom **Arco Etrusco** oder **Arco di Augusto** aus dem 3. Jahrhundert vor Christus sind wichtige Teile erhalten und sichtbar. Aus derselben Zeit stammt die **Porta Marzia**, das zweite etruskische Stadttor, das sich in der Vorderfront der **Rocca Paolina**, der alten Festungsanlage, findet, die von Papst Paul III. als „Zwingburg" erbaut wurde. Drei Rolltreppen führen heute von den großen Parkplätzen durch die **Rocca Paolina** in die Oberstadt. Eigentlich befand sich das Kernland der Etrusker nördlich von Rom in Latium und in der Toskana. In Umbrien gehörten nur **Orvieto** und **Perugia** zu den zwölf Lukomonien, den von einem Priesterkönig (Lukomon) regierten wichtigsten Städten Etruriens. 40 v. Chr. wurde es dann von Augustus erobert.

Wegen der strategisch günstigen Position wurde Perugia ständig zerstört und wieder neu aufgebaut. Es geriet immer wieder unter die Herrschaft des Papstes. Zu besonderer wirtschaftlicher und geistiger Blüte gelangt die Stadt im 13. Jahrhundert. 1308 wurde die **Universität Santa Sofia** gegründet.

Schokolade auf dem Corso Vanucci: Nicht nur die berühmten Baci kommen aus Perugia. Im ***Caffé Sandri*** *(unten) auf dem* ***Corso Vanucci****, einem begehrten Treffpunkt, duftet es nach frischgeröstetem Kaffee und nach Schokolade.*

Es entstanden Kirchen und Palazzi wie der **Palazzo dei Priori**, auch Schmuckbauten wie der zentrale prächtige Brunnen, und die **Fonta Maggiore**. Der etwa 6 km lange Mauerring von 1327 ist bis heute fast vollständig erhalten. Im 14. Jahrhundert gab es 300 Handelshäuser, so das **Cambio della Mercanzia**, eine Art Versammlungshalle der Kaufleute, und das **Collegio del Cambio** mit den Renaissance-Fresken von **Perugino** und **Pinturicchio**, in dem sich die Bankleute und Geldwechsler aufhielten. Vor allem im 15. Jahrhundert wurde in die Kunst investiert. Nicht von ungefähr kommen drei der besten italienischen Maler aus Perugia: Raffael, Perugino und Pinturicchio. Die Kunstschätze sind in der obersten Etage des Palazzo dei Priori untergebracht. Schon 1837 wurde darin die größte Pinakothek Umbriens, die **Galleria Nazionale dell'Umbria**, gegründet, in der die bedeutendsten Werke der umbrischen Malerei zwischen dem 13. und dem 19. Jahrhundert gesammelt sind. Beim Erdbeben 1997 wurde sie schwer beschädigt, seit 2002 ist sie wieder eröffnet.

Die übereinandergeschichtete Stadt auf ***etruskischen Grundfesten****, unter deren historischen Bögen man sich dem Zentrum nähert, bietet so manchem Straßenkünstler eine herrliche Bühne.*

Die wirtschaftliche Macht ging abrupt zu Ende, als die Stadt im **„Salzkrieg"** gegen **Papst Paul III.** – es ging um Steuern – verlor. Danach versank Perugia fast in die Bedeutungslosigkeit und geriet unter die Herrschaft von **Spoleto**. Nach 1860 wurde es Hauptstadt von Umbrien. Einen Aufschwung nahm die Stadt vor allem wieder, als im Jahr 1928 die **Università per Stranieri** gegründet wurde.

Die Oberstadt

Beliebter Treffpunkt und Glanzlicht im Herzen der Stadt ist die **Piazza IV. Novembre** am Ende des lebendigen **Corso Vanucci**, der vielleicht schönsten Flaniermeile Italiens. Den ältesten Stadtbrunnen Europas, die elegante dreischalige **Fontana Maggiore** (1277/78), haben die beiden renommierten Pisaner Bildhauer Nicola und Giovanni Pisano (Vater und Sohn) mit aufwändigen Figuren und weltlichen Themen wie Weinlese, Minne- und Kriegsszenen sowie antiken und christlichen Symbolfiguren gestaltet. Den Hintergrund bildet die unvollendete Fassade des Doms **San Lorenzo** mit einladend vorgelagerten Freitreppen. Hier lassen sich Studenten und Besucher nieder, um zu plaudern und das italienische „dolce farniente" zu genießen. Der Domplatz, der zur einen Seite durch den holzgetäfelten **Palazzo dei Priori** begrenzt wird, öffnet sich zum lebendigen **Corso Vanucci** hin, von dessen Südende aus man einen traumhaften Blick über die Ebene bis nach Assisi und Montefalco genießt.

Hierher kommen Studenten aus der ganzen Welt und studieren die italienische Sprache und Kultur. Die ***Università per Stranieri*** *liegt unterhalb des etruskischen Tors.*

Kontakt:
IAT di Perugia, Piazza Mateotti, 18,
06122 Perugia
Tel.: 075-5772686, Fax: 075-57720988
http://turimso.comune.perugia.it
iat@commune.perugia.it

Ausländeruniversität:
Università per Stranieri,
Piazza Fortebraccio, 4
Tel.: 075-57461, Fax: 075-5732014
www.unistrapg.it
www.perugia.umbria2000.it

Der Lago di Trasimeno

Am Fuße von Weinbergen und Olivenhainen liegt der viertgrößte See Italiens, der **Lago di Trasimeno**. Aus ihm erheben sich drei Inseln: die **Isola Minore**, die sich in Privatbesitz befindet, die **Isola Maggiore** und die **Isola Polvese**, die sich durch ihren jahrhundertealten Bestand an Steineichen und Olivenbäumen auszeichnet.

*Still ruht der See im Herbst, wenn die Touristenströme am **Lago di Trasimeno** abgeklungen sind.*

An dem fischreichen See mit seinen idyllischen kleinen Städten und Dörfern, in denen die Fischertradition noch lebendig ist, hat man das Gefühl unberührter Natur, die auch schon Franziskus begeistert hat. Seit 1995 steht der gesamte See unter Naturschutz. Besonders beliebt sind Spaziergänge an den Ufern wegen der Lichtstimmungen – vor allem abends. Aber auch die Stille an einem diesigen Herbsttag außerhalb der Touristen-Saison regt Pilgernde zur Meditation an.

Von **Passignano** aus kann man sich mit einem Boot auf die Isola Maggiore übersetzen lassen, auf der Franziskus 1211 der Legende nach 42 Tage lang fastete; in dieser ganzen Zeit soll er nur einen halben Laib Brot verspeist haben. Sehenswert sind dort die romanisch-gotische Kirche **San Michele Arcangelo** aus dem 12. Jahrhundert sowie die Kirche **San**

Salvatore. Eine kostenlose Broschüre „Wanderwege am See“ mit guten Detailkarten sowie ein aktuelles Verzeichnis „Agriturismo“ sind im Tourismusbüro erhältlich. Gerade der „Agriturismo-Urlaub“ auf dem Bauernhof wird in den umliegenden Dörfern groß geschrieben. Wer nicht fastet: Lohnend sind die Hinweise auf Fischspezialitäten, auch auf Olivenöl und Wein.

IAT del Trasimeno, Piazza Mazzini, 10, 06061 Castiglione del LAGO (PG), Tel.: 075-9652484, Fax: 075-9652763, info@iat.castiglione-del-lago.pg.it, www.lagotrasimeno.net

Erreichbarkeit mit der Bahn:

Castiglione del Lago ist Station der Eisenbahnlinie Florenz - Rom. Die Strecke Foligno - Perugia - Florenz bedient folgende Orte am See: **Magione - Torricella - Passignano - Tuoro - Terentola**. Von Perugia aus (Piazza dei Partigiani) kann man auch mit dem Bus fahren.

Gastfreundschaft auf dem Lande – Agriturismo

Das italienische Zauberwort für Urlaub auf dem Bauernhof heißt „Agriturismo". Das erfreut sich auch in Italien wachsender Beliebtheit. Man könnte diese Form des Urlaubs auch **grünen** oder **sanften Tourismus** nennen. Deswegen ist es die perfekte Urlaubsart für all diejenigen, die Land, Leute und Lebensart authentisch genießen wollen. Man geht zu den Menschen und Produkten, die das Land zu bieten hat. Inzwischen gibt es hervorragende „Agriturismo"-Betriebe. Das familiäre Klima, die persönliche Note in solchen Häusern ist in der Regel ausgezeichnet. Und man ist der Natur sehr nahe und kann **Wanderungen durch Weinberge** und Olivenhaine in vollen Zügen genießen. „Agriturismo" wendet sich somit an alle, die gerne kulturelle oder „grüne" Ferien in Italien verbringen und diese selbständig organisieren möchten, weil man dort entspannen und Ferien machen kann, die genau auf die jeweilige Persönlichkeit zugeschnitten sind.

Da diese Variante, Urlaub zu machen, für viele besonders attraktiv ist und einige Betriebe im Winter geschlossen sind, ist es ratsam, sich rechtzeitig anzumelden. Auch empfiehlt es sich, mit dem Auto anzureisen oder ein Auto zu leihen, denn die Anwesen liegen meist außerhalb der Ortschaften.

Der „Agriturismo" hat verschiedene Portale für Tourismus auf dem Lande, die mit der Kultur Italiens verbunden sind. Diese Bewegung ist zunächst von der **Toskana** ausgegangen und hat dann ganz besonders **Umbrien** erfasst. Verschiedene Internetseiten sind Angeboten gewidmet, die Ferien mit und in der Natur, mit ihren Schönheiten und der faszinierenden Einfachheit des Landlebens vorsehen. Dabei wird die reiche Geschichte und die Kunst Italiens meist ebenso berücksichtigt. In vielen Fällen hat man die Wahl zwischen Ferienwohnungen, Wohnungen, Villen oder dem Leben auf dem Bauernhof.

Informationen über Betriebe (z.T. mit Regionenkarten), Adressen, Telefonnummern und vieles mehr finden Sie unter:
„turismo verde“,Via Mario Angeloni, 11, Tel.: 075-5002953, Fax: 075-5002956, umbria@cia.it, www.turismoverde.it
Terranostra Umbria, Via Campo di Marte, 06100 Perugia, Tel.: 075-5009559, www.terranostra.it, www.agriturismo.net/index_deu.html, www.agriitalia.it
Agriturist Umbria, Via San Bartolomeo, 79, Ponte San Giovanni, 06100 Perugia, Tel.: 075-77997289, www.agriturist.it, www.aziendeumbre.it
di Tordoni A. Maria, 06034 Foligno PG Piva, Tel.: 027099-10547 CCIAA , Perugia REA 235981, Country Houses Assisi, Tel.: 0039074-2343227, Fax: 0742-343226, Cell: 0039347-8891600, Fax: 003906-23310978 www.aziendeumbre.it

Hülsenfrüchte, Brot und vor allem ***Pasta*** *in allen Variationen bestimmen den Charakter der umbrischen Küche.*

Der Charme der rustikalen Küche Umbriens

Das geheime Erfolgsrezept der umbrischen Küche lautet: **Tradition, Einfachheit und Erdverbundenheit**. In Umbrien wird mit Erzeugnissen des Landes gekocht. Und die Gerichte stehen meist in Zusammenhang mit den Produkten der **Jahreszeit** oder mit den **religiösen Festen**. Sie spiegeln etwas vom Flair der Valle Umbra, vom Duft der Lavendelfelder, von den Reihen der Lindenbäume, von Gärten und Feldern und den Tieren, die darauf weiden.

Auf der Speisekarte findet man bestes Fleisch und Wurstwaren vom **Wildschwein (cinghiale), Lamm (agnello), Tauben (piccioni) und Wachteln (quaglie)**, die wunderbaren **weißen und schwarzen Trüffel** auf der meist hausgemachten **Pasta**. Der frische **Fisch** kommt vom Lago di Trasimeno.

Hervorragend sind auch die hausgemachte **Pasta, Polenta** oder auch die Linsengerichte aus den feinen kleinen buntgrünen **Linsen (lenticchie)**.

Eine Besonderheit sind die **Strangozzi** (überlange Nudeln) oder **Strozzapreti** (Teigklößchen mit Spinat und Ricottafüllung), **Wildschweinfleisch, gegrillter Schweinsrücken** oder **Kaninchen (conoglio)** in Soße. Natürlich liefert die gutgehende Viehzüchtung in der Umgebung das Fleisch für die Grillabende.

Vor allem im Winter werden Schweine geschlachtet. Die Rinder- und Geflügelzucht liefern Produkte wie **Mozzarella, Sahne, Ricotta, Mascarpone, Butter und verschiedene Käsesorten**. Zu allem gehört natürlich sowohl das frische Gemüse, das in der Regel in Olivenöl zubereitet wird und auch das frische Obst. Der feinste **Honig** (miele) und das **Wachs** (cera) kommen aus den Bienenstöcken des Monte Subasio, vor allem aus der Umgebung der „Carceri". An kalten Winterabenden wird in fast jedem Haus der **„Assisi-Felsen"** auf den Tisch gebracht, ein Gebäck aus Mehl, Butter, Eiern, Hefe, Milch und etwas Vanille und Salz.

Und nach dem Rezept der Großmütter wird der traditionelle **„brustengolo"** hergestellt, der zwar vielleicht nicht zu den feinen Mehlspeisen zählt, aber besonders gern zum Martinsfest gegessen wird und in den 50-iger Jahren sogar von der französischen Küche entdeckt wurde: diese Mischung aus Maismehl, Pinienkernen, einem weichen Apfel, etwas Öl, Anislikör, Zitrone und Nusskernen.

Alles in allem ist die umbrische Küche eine echte Landesküche: rustikal, saisonal, aromatisch und einfach köstlich.

*Die natürlich aufwachsenden Tiere des Landes - gleich ob **Wildschein**, **Kaninchen** oder **Schwein** - haben noch einen ganz eigenen Geschmack.*

REZEPT

Fettuccine con Lenticchie – Fettuccine mit Linsen

300 g	frische Fettuccine
200 g	Linsen
2	Löffel passierte Tomaten
1	Knoblauchzehe
1	Chilischote, Öl, Salz

Die Linsen waschen und 12 Stunden lang in Wasser einweichen. In eine Kasserolle gießen, gestampften Knoblauch und passierte Tomate hinzugeben: mit Wasser beträufeln, unter sparsamen Hinzufügen von lauwarmem weiteren Wasser ca. 1 Stunde kochen. Chili kleinscheiden und in Öl erhitzen. Das Nudelwasser abgießen und die Bandnudeln sowie das Öl mit Chili zu den Linsen geben und alles vermischen.

La dolce vita – Die umbrisch süße Verführung

Umbrien ist eine Hochburg der Schokoladenproduktion. Ganze neun Tage lang steht die Etruskerstadt Perugia im Banne der Kakaobohne zum Schokoladenfestival **Eurochocolate.** Die Schokoladenmesse erstreckt sich über die Straßen und Plätze der Altstadt. Neben Kostproben gibt es Spiele, Musik und Ausstellungen. Unabhängig davon ist das Angebot an umbrischen Süßigkeiten gewaltig. Fast jedes Dorf hat seine eigene Spezialität: Assisi seine **Rocciata**, eine Art Florentinergebäck, Perugia seine **Baci** oder die **Torciglioni**, Marzipanaale mit Kirschaugen. Beliebt sind auch die **Castagnacci** aus Kastanienmehl oder die dicken umbrischen Strudel, die im Gegensatz zu den venezianischen Vorbildern mit Pinienkernen und Trockenfeigen gefüllt sind.

Natürliche Gaumenfreuden: Wein und Öl

Umbrien ist ein Land, in dem die Natur mit Recht gepriesen wird, denn sie bringt auch Köstliches hervor. So verläuft tief versunken im grünen Herzen Italiens eine mit mittelalterlichen Türmen und Kunstfleckchen durchsetzte Route quer durch Weinberge und Olivenhaine und entlang solcher Ortschaften wie Bevagna, Gualdo Cattaneo, Giano dell'Umbria, Castel Ritaldi und Montefalco: **die Sagrantinostraße**.

An den sanften Hängen der Hügel wächst eine der edelsten Rebsorten Italiens, der tiefrote **Sagrantino**, dessen Ursprünge legendär sind: Einige behaupten, die Rebe sei dank einiger aus Kleinasien kommenden Franziskanermönche mehr durch Zufall in dieses Land gelangt, andere wiederum sind davon überzeugt, dass sie spanischen Ursprungs sei oder dass sie sogar von den Sarazenen nach Italien gebracht wurde.

Wie auch immer, aus den **Sagrantino**-Trauben gewinnt man den gleichnamigen DOCG-Wein (Qualitätsbezeichnung für Waren aus bestimmten Herkunftsgebieten) von rubinroter Farbe mit violetten Lichtreflexen und dem typischen Brombeer-Duft, der sich warm und würzig am Gaumen entfaltet. Dieser weltbekannte, beliebte Wein ist seit über dreihundert Jahren Zeugnis für die geschichtsträchtige Rebsorte aus dem Kloster Santa Chiara in Montefalco.

Entlang dieser Straße findet man aber auch weitere Weine, die den Gaumen verwöhnen: den **Montefalco Rosso DOC**, den man unbedingt zu Fleisch oder Wild probieren sollte oder den **Colli Martani Grechetto DOC**, einen Weißwein, der herrlich zu leichten Gerichten und Vorspeisen passt.

Ist der Durst nach Natur, Kunst, Frömmigkeit und Geschichte gestillt, so ist der Wein aber nicht der einzige Geschmacksbegleiter auf dieser Straße, wo Vergangenheit, Traditionen und Qualität untrennbar miteinander verbunden sind. Auf dieser Route, die sich natürlich auch herrlich erwandern lässt, wird man mit umbrischen Köstlichkeiten wie **Olio extravergine d'oliva, Speck, Zweikorn, Schweinefleisch, Trüffel** und **Honig** verwöhnt.

Wein:
Cantina Bea Paolo,
Via Cerrete, 8,
Montefalco,
Tel.: 074-27378128
www.stradadel-sagrantino.com
Olivenöl:
Antico frantoio
Brizi, Via Verdi, 50,
Tel.: 074-2379165

Töpferkunst und Holzschnitzereien

Die Keramik, die Textilproduktion und die Holzverarbeitung sind wichtige Arbeitsbereiche in der lokalen Wirtschaft. Sie spiegeln auch Aspekte der Geschichte und Kultur des umbrischen Volkes.

Der antiken Handwerkskunst der Keramik wurden in Umbrien zahlreiche Museen gewidmet, so in **Deruta**, dem Mekka für Keramikliebhaber, das **Museo Regionale della Ceramica**. Die dortigen Exponate zeichnen den Reichtum dieser Kunst über Jahrhunderte nach.

In Deruta ist auch eine der zentralen Kirchen, die **Chiesa San Francesco**, mit moderner religiöser Keramik ausgestattet.

Wenn man auf die Märkte oder zu den Kunsthandwerkern selbst geht, stellt man aber fest, dass die Bemalungen, die Dekors, die Techniken der Majoliken von Ort zu Ort variieren und sich an die jeweiligen lokalen, künstlerischen, kulturellen und historischen Traditionen anlehnen.

Seit dem Mittelalter eine Handwerkstradition: ***Keramik und Majolika.*** *In zahlreichen Läden findet man die traditionellen Gefäße noch.*

Die wertvollsten stammen aber aus der Zeit der Renaissance, als die Technik des Lustro mit den Techniken des Malers **Pietro Perugino** verbunden wurde und die Objekte einen goldenen Oberflächenreflex bekamen.

In **Gubbio** wiederum entwickelte man im 16. Jahrhundert eine Herstellung von Keramiken mit rubinroten Reflexen. Die schönsten kamen vom **Maestro Giorgio Andreoli**.

Sehr ungewöhnlich und raffiniert sind die Keramiken aus Orvieto, einer Stadt, in der seit den Etruskern, die sogenannten **Buccheri** hergestellt werden; elegante schwarze Keramiken, die bei einer Temperatur von 900 Grad gebrannt wurden. Ein weiterer Ort der Keramikproduktion ist heute **Gualdino Tadino**, wo es noch genügend Töpferwerkstätten gibt. Dort werden heute die alten Riverbo-Techniken imitiert bzw. neu interpretiert. Da kann man sich von mittelalterlichem und von Renaissance-Geschirr inspirieren lassen.

Eine herrliche historische Sammlung **„La maiolica del Rinascimento"**, die die Stiftung der Cassia di Risparmia zusammengetragen hat, befindet sich in Perugia im **Palazzo Baldeschi** am Corso Vanucci.

*Holzschnitzwerkstätten, in denen **Krippenfiguren** hergestellt werden, findet man heute noch in Assisis Gässchen*

Möbel, Krippen und Pinocchio

Auch **Holz** ist in Umbrien ein weitverbreitetes Naturprodukt. Seit dem Mittelalter benutzte man es, um Kirchen und Paläste auszubauen (wie für das **Collegio del Cambio** in Perugia) oder Statuen zu modellieren. Heute werden vor allem Stilmöbel und aufwändige Intarsien mit Holz restauriert.

Ansonsten ist Assisi bekannt für seine **Krippentradition**. Hin und wieder stößt man hier auf kleine Läden mit angegliederter Werkstatt wie im **Studio Incisione su Legno** in der Via Arnaldo Fortini, 12. In den Andenkenläden werden entsprechend viele Holzfiguren angeboten, manchmal aber auch einfach geschnitzte Spielfiguren wie den berühmten Pinocchio.

Keramiksammlungen:
Museo Regionale della Ceramica
Largo San Francesco, Tel.: 075-97110000
Deruta,
www.museoceramicaderuta.it
La maiolica del Rinascimento, Palazzo Baldesschi al Corso
Perugia, Tel.: 075-5725981
www.fondazionecrpg.it

Persönliche Pilgererfahrungen

*Pastorale in der Gebirgslandschaft des **Monte Subasio**. Dahin zog sich auch der hl. Franz zurück. Hier fühlt man sich der Natur sehr nahe. Das Bild der weidenden Schafe erinnert geradezu an biblische Zeiten.*

Der Weg ist das Ziel. „Assisi hat mich nach Washington gebracht und demnächst wird es mich nach Tunis bringen, denn dort baut mein damaliger Freund, inzwischen Agraringenieur, ein spirituelles Zentrum für Ernährungslehre auf", sagt die Krankenschwester Gabriele. Sie war inzwischen 15 mal in Assisi. Und die Mitglieder der damaligen Gruppe treffen sich immer wieder. Pilgern schafft nämlich ein Zusammengehörigkeitsgefühl.

1977 kam sie zum erstenmal mit Rucksack und den „Fioretti", der Blütenlese des hl. Franziskus, in der Hand. „Wir waren damals auf der ‚Misereor-Schiene' unterwegs nach dem Motto: ‚Anders leben, damit Andere überleben' und haben uns nach Assisi aufgemacht. Wir konnten in Assisi in einem Keller-

gewölbe, das uns die Klarissinnen zur Verfügung gestellt hatten, mit Klapptisch und Schlafsäcken wohnen. Es war immer eine abenteuerliche Erfahrung, nach Italien zu reisen. Den Sonnengesang anstimmend, bestiegen wir den **Monte Subasio**. Dort weht der Wind bisweilen eisig, da habe ich mir eine Lungenentzündung geholt. Trotzdem möchte ich die Erfahrung der Ursprünglichkeit sowie der Gemeinschaftlichkeit nicht missen." Das Motiv der Suche nach **Spiritualität** liegt bei vielen auch jenseits der Konfessionalität.

Sich frei und ungezwungen in der ***Natur*** *bewegen, mit ihr Einssein und sich von der Zivilisation entfernen, ist ein ganz wichtiges Motiv heutiger Pilger.*

Schweigen, wandern, singen, beten

Für den spanischen, in der Nähe von Hamburg lebenden Musiker José Ramon Morán gehört das Pilgern zum Leben. Bis zu seinem 25. Lebensjahr war er selbst im Kloster. Danach pilgerte der Ex-Theologe dreimal nach Santiago de Compostela, zweimal über Frankreich. In Italien ging er einmal acht Tage zu Fuß bis Rom und dann von Süditalien aus nach Palästina. Auch nach **Assisi** pilgerte er zweimal, einmal von **Florenz** aus durch den **Casentino** über **La Verna** und **Gubbio**, und einmal von **Siena** aus über **Montepulciano**, den **Lago di Trasimeno** und **Perugia**. Während des Gehens bekam José auch neue musikalische Einsichten. „Es ist viel weniger mühsam, wenn man nach einer Meditation morgens und abends Psalmen singt, weil man sich so in einen Rhythmus einstimmen kann. Und dann geht man wie von alleine." José gibt übrigens Seminare über A-capella-Gesang, Pentatonik und die platonische Tonskala im toskanischen Kloster **Sant'Animo**.

Ein niederländischer Franziskanermönch, Peter Loek, kümmert sich um die Pilger.

Spirituelle Impulse

Spirituelles Wandern ist wahrscheinlich so alt wie die Menschheit selbst und findet sich in allen Weltreligionen wieder. Pilgern, das mehrtägige Unterwegssein zu einem besonderen Ort, geht auf die Wandermönche zurück. Ziel solcher Wanderungen waren immer besondere Orte: Einsame, entlegene Landschaften, aber eben auch Pilger- und Wallfahrtsorte. Dieser Wunsch nach geistiger Erholung, die Suche nach Stille und nach Aufgehobensein in einem höheren Sinn manifestiert sich auch im Urlaub, der sich vom Erholungsurlaub abhebt.

Verstärkter Trend zur Sinnsuche

Pilger sein bedeutet: Wegstationen zu durchgehen, innezuhalten, sich zu stärken und wieder aufzumachen, nur das Notwendigste mitzunehmen und allen unnötigen Ballast abzuwerfen. Pilger sein heißt auch: mit Belastungen unterwegs zu sein, Sorgen mit auf den Weg zu nehmen, um sie an einen bestimmten Ort zu bringen. Die Gotteserfahrung ist, auch in der Gruppe, individuell. Pilgern ist aber nicht notwendigerweise gottbezogen. Viele Menschen pilgern, um mit sich ins Reine zu kommen.

Und andere Menschen sind wiederum dankbar, wenn die Rahmenbedingungen schon organisiert sind und sie dann vor Ort die Gelegenheit haben, sich mit sich selbst zu beschäftigen.

Die Bereitschaft zur Pilgersuche und meditatives Wandern

Die Nachfrage nach Pilger-Urlaubsangeboten, nach meditativem Wandern und nach spirituellem Reisen ist groß. Weltweit machen sich rund 40 Millionen Christen auf religiöse Wanderschaft und spirituelle Sinnsuche im Urlaub auf. Allein 2005 unternahmen die Europäer rund 2,5 Millionen reine Pilgerfahrten mit Übernachtung im europäischen Ausland. In einer Zeit, die als belastend, laut und einsam empfunden wird, wächst der Wunsch nach Spiritualität und Einkehr. Die Palette dieses „Auftankens" für Körper und Seele reicht vom spirituellen Rückzug in ein Kloster, über das meditative Wandern bis hin zum klassischen Pilgern, also der Fortbewegung hin zu Gott.

Mit seinem reichen kulturellen Erbe, mit seinen Klöstern, Stiften, Pilgerwegen und natürlichen Kraftorten bildet Assisi ein lohnendes Pilgerziel.

Wenn im Spätherbst die Touristenströme abebben, ist es für viele Pilger wohltuend, die Stille des Sees ***Lago di Trasimeno*** *zu erleben, auch für Ordensschwestern.*

Über die Vogelpredigt des Heiligen

Während sich inzwischen, wie erwähnt wurde, viele den Brüdern beigesellten, zog der hochselige Vater Franziskus durchs Spoletotal. Er wandte sich einem in der Nähe von **Bevagna** gelegenen Ort zu.

Dort war eine überaus große Schar von Vögeln verschiedener Art versammelt, Tauben, kleine Krähen und andere, die im Volksmund Dohlen heißen. Als der hochselige Diener Gottes Franziskus sie erblickte, ließ er seine Gefährten auf dem Wege zurück und lief rasch auf die Vögel zu. War er doch ein Mann mit einem überschäumenden Herzen, das sogar den niederen und unvernünftigen Geschöpfen in hohem Grade innige und zärtliche Liebe entgegenbrachte. Als er schon ziemlich nahe bei den Vögeln war und sah, dass sie ihn erwarteten, grüßte er sie in gewohnter Weise.

Nicht wenig aber staunte er, dass die Vögel nicht auf- und davonflogen. Ungeheure Freude erfüllte ihn und er bat sie demütig, sie sollten doch das Wort Gottes hören. Und zu dem vielen, das er zu ihnen sprach, fügte er auch Folgendes bei: „Meine Brüder Vögel! Gar sehr müsst ihr euren Schöpfer loben und ihn stets lieben; er hat euch

Gefieder zum Gewand, Fittiche zum Fluge und was immer ihr nötig habt, gegeben. Vornehm machte euch Gott unter seinen Geschöpfen und in der reinen Luft bereitete er euch eure Wohnung. Denn weder säet noch erntet ihr und doch schützt und leitet er euch, ohne dass ihr euch um etwas zu kümmern braucht".

Bei diesen Worten jubelten jene Vögel, wie er selbst und die bei ihm befindlichen Brüder erzählten, in ihrer Art wunderbarerweise auf und fingen an, die Hälse zu strecken, die Flügel auszubreiten, die Schnäbel zu öffnen und auf ihn hinzublicken. Er aber wandelte in ihrer Mitte auf und ab, wobei sein Habit ihnen über Kopf und Körper streifte. Schließlich segnete er sie und, nachdem er das Kreuz über sie gezeichnet hatte, gab er ihnen die Erlaubnis, irgendwo anders hinzufliegen.

Der selige Vater aber wandelte mit seinen Gefährten freudigen Herzens seines Weges weiter und dankte Gott, den alle Geschöpfe mit demütigem Lobpreis verehren. Da er schon einfältig war durch die Gnade, nicht von Natur aus, so begann er, sich selbst der Nachlässigkeit zu zeihen, dass er nicht früher den Vögeln gepredigt habe, da sie mit so großer Ehrfurcht das Wort Gottes anhörten.

Und so geschah es, dass er von jenem Tage an alle Lebewesen, alle Vögel und alle kriechenden Tiere, sowie auch alle unbeseelten Geschöpfe eifrig ermahnte, ihren Schöpfer zu loben und zu lieben; denn Tag für Tag konnte er aus eigener Erfahrung sich über ihren Gehorsam vergewissern, sobald er nur den Namen des Erlösers angerufen hatte.

Aus:
Thomas von Celano, **Leben und Wunder des hl. Franziskus von Assisi**, hg. von Engelbert Grau, OFM, Kevelaer, 2001, (1 Cel 58)

Das Leben des hl. Franz von Assisi beschäftigte die Künstler wie ***Cimabue****, aber auch die Schrifsteller wie Hermann Hesse.*

Denken mit dem Herzen – das Leben des Franz von Assisi

Franz von Assisi oder auch Franziskus hieß eigentlich Giovanni Battista Bernardone. Auf lateinisch wird er Franciscus de Assisi oder Franciscus Assisiensis genannt. Er wurde um **1181/1182** in Assisi geboren und starb am **3. Oktober 1226** in der Portiunkula-Kapelle unterhalb von Assisi. Er ist ein Heiliger der römisch-katholischen Kirche, der versuchte, streng nach dem Vorbild des Jesus von Nazareth zu leben. Diese Lebensweise – eine Imitatio Christi – zog gleichgesinnte Gefährten und Nachahmer an. Franziskus gründete den Orden der Minderen Brüder (siehe auch Franziskaner OFM, lat. ordo fratrum minorum und Minoriten, lat. ordo fratrum minorum conventualium) und war Mitbegründer des Frauenordens der Klarissen.

Franziskus war Sohn eines reichen Tuchhändlers. In seiner Jugend bekam er eine hervorragende Schulbildung und führte ein Leben ohne finanzielle Sorgen. Als junger Mann zog er in den Krieg, geriet in Gefangenschaft und erkrankte schwer. Sein Vater kaufte ihn frei. Der Legende nach sprach Jesus während eines Gebetes in der Kirche **San Damiano** (gut 20 Gehminuten von Assisi entfernt) vom dortigen gemalten Kruzifix (Kreuzbild) zu Franziskus und gab ihm den Auftrag, die verfallene Kirche wieder aufzubauen. Heute hängt dieses Kreuzbild in der **Basilica Santa Chiara** in Assisi.

Franz von Assisi bettelte nach diesem Erlebnis um Baumaterialen für den Wiederaufbau San Damianos. Außerdem zog er dafür Waren und Geld aus dem elterlichen Geschäft. Daraufhin kam es zum Streit zwischen ihm und seinem Vater, welcher vor Gericht endete. Auf dem Marktplatz in Assisi legte Franziskus öffentlich seine Kleider ab, sagte sich von seinem Vater los und lebte fortan als Einsiedler in Armut und Gebet.

• **1208** übergab ihm der Abt des **Benediktinerklosters** am **Monte Subasio** die kleine **Portiunkula-Kirche**, damit Franziskus sie zum Zentrum seiner Glaubensbewegung mache. Er verstand sich als Büßer und ermahnte andere, Gott zu lieben und für ihre Sünden Buße zu tun. Seine Auslegung des Glaubens zog über die Jahre viele junge Männer an. Seine Lebensvertraute, Klara, folgte seinem Beispiel und gründete ebenfalls einen Orden.

• **1209** pilgerte Franz von Assisi zusammen mit zwölf Jüngern nach Rom zu Papst Innozenz III., um dort die Bestätigung seiner Lebensweise zu erbitten. Der Papst gab ihm vermutlich im Jahr **1210** die Erlaubnis, nach diesen Regeln in Armut zu leben und Buße zu predigen.

• **1212** wurde das erste Franziskanerkloster „Convento di San Francesco" in der Toskana gegründet.

• **1219** reiste Franz von Assisi als Missionar nach Palästina und predigte vor dem Sultan in **Damiette** an der Nil-Mündung. Sein Gesundheitszustand verschlechterte sich so sehr, dass er nach Italien zurückkehrte.

• **1224** nach seinem Rücktritt von der Ordensleitung, zog er sich auf den Berg **La Verna** zurück, wo er seit 1212 eine Felsnische als Einsiedelei benutzte. Dort soll er am 17. September 1224 in einer Vision die Wundmale Christi eingeprägt bekommen haben. Dieser Fall gilt als erste überlieferte Stigmatisation.

• In der Nacht vom **3. auf den 4. Oktober des Jahres 1226** starb Franz von Assisi in der Portiunkula-Kapelle unterhalb Assisis im Kreise seiner Gefährten. Schon zwei Jahre später, am **16. Juli 1228**, wurde er von Papst Gregor IX. heilig gesprochen.

Stationen des Franziskus:

Assisi

• *Chiesa Nuova:* Geburtshaus und Elternhaus mit der Zelle, in die ihn sein Vater einsperrte.

• *Portiunkula-Kapelle in Santa Maria degli Angeli:* Hier hielt er sich 1208 auf, hier starb er 1226.

• *San Damiano:* 1206 sprach hier das Kruzifix zu ihm, und 1225 verfasste er hier, fast erblindet, den Sonnengesang.

• *Santa Maria Maggiore:* Ort der Verhandlung des Vaters gegen den Sohn wegen der gestohlenen Stoffballen für den Aufbau von San Damiano.

• *Eremeo delle Carceri:* Hierher zog sich Franziskus zurück.

• *San Francesco:* die spätere Grabeskirche.

Außerhalb:

• *Bevagna:* Predigt zu den Vögeln.

• *Foligno:* Verkauf der Stoffballen des Vaters auf dem Domplatz.

• *Greccio (bei Rieti):* Aufstellung der ersten Weihnachtskrippe durch Franziskus.

• *Gubbio:* Zähmung des Wolfes.

• *La Verna:* Stigmatisierung (1224).

• *Lago di Trasimeno:* 42-tägige Fastenkur auf der Isola Maggiore (1211).

Die Wegbegleiterin Santa Chiara – die hl. Klara (1193/4 - 1253)

Sie war seine Lebensfreundin, die ***hl. Klara*** *von Assisi, außerdem gründetete Franzikus für sie einen Orden.*

1212 hörte das junge Mädchen **Chiara** (Klara) aus der Adelsfamilie **Offreduccio** im **Duomo San Rufino** eine Predigt von Franziskus. Sie war so beeindruckt, dass sie daraufhin ihr Elternhaus verließ und mit einer Freundin zur **Portiunkula** floh. Franziskus nahm sie freundlich auf, legte ihr ein Büßergewand an und schor ihr die Haare. In der kleinen Kirche Portiunkula leistete sie die franziskanischen Gelübde, woraufhin Franziskus für sie den sogenannten Zweiten Orden gründete. Ihre Schwester, die hl. Agnes, folgte ihrem Beispiel 16 Tage später. Von da an ließ sie sich in **San Damiano** nieder, um ein Leben in Armut und Buße zu führen. Sie kämpfte ihr ganzes Leben um das „Privileg der Armut“ sowie um die kirchliche Anerkennung der besonderen franziskanischen Lebensform.

Die **Ordensregel der Klarissen** war auch die ersten, die eine Frau für Frauen geschrieben hatte. Sie waren für die damalige Zeit erstaunlich demokratisch – sie betonen die Eigenverantwortung jeder einzelnen Schwester. Davon ließen sich viele Frauen in ganz Europa inspirieren.

Für Franziskus wurde **Klara** im Laufe der Zeit zur wichtigsten Lebensberaterin. So zog sich der Sterbenskranke in ihr Kloster zurück, um in den letzten Stunden dieser Vertrauten näher zu sein. Sie starb 1253 in San Damiano. 1255, kurz nach ihrer Heiligsprechung begann man mit dem Bau von **Santa Chiara**.

Das Lob der Sonne und ihres Schöpfers

Prächtig gestaltete Fensterrosen über dem Eingang haben alle drei Kirchen in Assisi: **Santa Chiara, San Rufino** und **San Francesco**.

Jede verkörpert auf ihre Art die Summe technischen Könnens und philosophischen Denkens in der Blütezeit des abendländischen Mittelalters.

Sie verbinden die **Symbolik des Kreises** mit der erblühten **Rose** sowie der strahlenden **Sonne** und stellen ein Abbild des **Kosmos** dar mit ihrer ausgeklügelten Zahlensymbolik und Geometrie. Die Sonne ist das **Sinnbild Christi** und wird zum **Spiegel der ewigen Schöpfung**. Sie verkörpert den göttlichen Geist sowie die allumfassende Liebe.

In der Stadt der Fensterrosen entstand daher auch das bekannteste Lied und Gebet des dort geborenen Franziskus: der **Sonnengesang (cantico delle creature)**.

Lob der Natur

Dieser wirkt geradezu wie ein romantisches **Lob auf die schöne Natur** und ist Zeugnis für das Erwachen des Naturgefühls beim mittelalterlichen Menschen. Außerdem ist dieses **Sonnenlied** das erste Gedicht und Lied in italienischer bzw. umbrischer Sprache. Bis zum 13. Jahrhundert wurden, nämlich Gedichte in Italien nur in lateinischer Sprache abgefasst.

Benedizione di S. Chiara

Il Signore ti benedica
e ti protegga.

Faccia risplendere il
Suo Volto su di te e ti
doni la Sua misericordia.

Rivolga a te il Suo Sguardo
e ti dia Pace.

Il Signore sia sempre con te
e faccia che tu sia
sempre con Lui.

S. Chiara d'Assisi

Der Sonnengesang

Du höchster, mächtigster und gütger Herr, Dir gilt das Lob,
die Herrlichkeit, die Ehr' und jeder Segen.
All dies gebührt nur Dir, Du Allerhöchster, kein Mensch
ist auch nur würdig, Dich zu nennen.
Gelobt seist Du, mein Herr, samt allen Deinen Werken,
Doch in besonderm Mass durch Schwester Sonne;
Auf uns herab lässt Du sie täglich scheinen.
Wie schön ist sie; sie strahlt mit grossem Glanze.
Vor Dir, o Höchster, hat sie ihren Sinn.
Gelobt seist Du, Herr, auch wegen Mond und
Sternen, die glanzvoll, schön und kostbar Du geschaffen.
Gelobt seist Du, Herr, durch Bruder Wind,
durch Lüfte, Wolken und jedwedes Wetter das die
Geschöpfe Deiner Hand erhält.
Gelobt seist Du, mein Herr, durch Schwester Wasser,
die nützlich-schlichte, köstliche und reine.
Auch Bruder Feuer lobe Dich, o Herr, er leuchtet uns in
nächtgem Dunkel; lustig ist er und schön; kräftig und kühn.
Es lob' Dich unsre Mutter Erde, Herr, die uns erhält und leitet.
Sie schenkt uns viele Früchte, Kräuter, bunte Blumen.
Gelobt seist Du, o Herr, durch all' diejenigen,
die Dir zulieb' Verzeihung üben, die Kranke
und Bedrängte pflegen; Selig sind, die geduldig leiden,
denn Du wirst ihnen einst die Krone geben.
Gelobt seist Du, mein Herr, durch unsren Bruder Tod,
dem kein Lebend'ger kann entrinen: Weh' denen, die in
Todessünden sterben, doch selig, die sich Deinem
heilingen Willen fügen: Leicht ist ihr Tod und ohne
jeden Schmerz.
Lobet und preiset meinen Herrn, und danket
und dienet ihm in Demut ohne Zagen.

hl. Franziskus

Der Sonnengesang

Der **cantico delle creature**, die religiöse Lobpreisung, das bekannteste hymnisch begeisterte Gebet des Heiligen, wurde damals gesungen. Franziskus sang es, als er 1225, nach einer schmerzhaften Augenoperation und der Stigmatisation, schwerkrank in einer Hütte an der Klostermauer von **San Damiano**, unterhalb von Assisi, darniederlag. Während seiner Krankheit dichtete und komponierte Franziskus eine ganze Reihe von Liedern. Singend lernten die Brüder von ihm. Und wenn Franziskus selbst nicht singen konnte, ließ er sich von den Brüdern vorsingen. Er wollte, dass sich die physischen Leiden in Trost und Freude des Geistes verwandeln.

Von diesen Liedern ist uns allein der **Sonnengesang** erhalten geblieben, auch nur der Text und leider nicht die Melodie. Eine angemessene dichterische Wiedergabe des Liedes in einer anderen Sprache ist nicht ganz leicht. „Laudato si, mi signore, per sora luna e le stelle ..."
„Gelobt seist du, mein Herr, durch (und für) Schwester Mond und die Sterne ..."

Wenn **Papst Johannes Paul II.** 1979 den Armen aus Assisi „als himmlischen Patron des Umweltschutzes" proklamiert hat, so gab er damit einen wichtigen Anstoß, auch wenn Franziskus uns mit dem Sonnengesang keine Anleitung hinterlassen hat, wie man das wirtschaftliche Wachstum vorantreiben kann, ohne die Natur zu zerstören.

Das TAU: Ein franziskanisches Zeichen

Das **T** ist ein Buchstabe im griechischen und der letzte Buchstabe im hebräischen Alphabet. Es hat in der Bibel eine besondere Bedeutung und in der Kunstgeschichte eine lange Tradition. **Papst Innozenz III.** sprach bei der Eröffnung des IV. Laterankonzils (1215) vom TAU als einem **Zeichen der Buße**.

Schon von der Form her erinnerte es Franziskus an das Kreuzzeichen. So verwendete er dieses Zeichen oft. Er zeichnete es auf Häuser, Wände und Bäume. In **Fonte Colombo** ist heute noch in einer Fensternische das rote **T** zu sehen, das Franziskus dorthin gemalt haben soll. Mit diesem Zeichen segnete er Menschen und unterschrieb seine Briefe. So finden wir es auch unter einem Segensspruch, den er für **Bruder Leo** aufschrieb, als dieser sich in einer tiefen Krise befand und in Not und Angst war. Für Bruder Leo bedeutete es Kraft und Trost, dass er diesen Segen des heiligen Franziskus ständig bei sich tragen konnte.

Mit dem Zeichen des **T** verband er den alttestamentlichen Segen (Num 6, 24 - 26): „Der Herr segne und behüte dich. Er zeige dir sein Angesicht und erbarme sich deiner. Er blicke dich an und gebe dir Frieden." Auf der Rückseite des Segens schrieb Franziskus einen Lobpreis Gottes. Hier wendet er sich durch ein wiederholtes DU an seinen Herrn, dessen Größe und Demut er bewundert. So bedeuten für Franziskus Hinwendung zu Gott und Hinwendung zum Bruder „zwei Seiten" einer Medaille.

Seitdem Franziskus das TAU einsetzte, ging das T als **franziskanisches Friedenszeichen** durch die Jahrhunderte. Sein Gruß, der sich mit diesem Zeichen eng verband, lautete: **Pax et bonum – Pace e bene** – Frieden und Heil! Das TAU ist daher ein Symbol für die franziskanische Familie: ein Vermächtnis des Vorbildes Franziskus, ein Zeichen des Segens und des Friedens. Gleichzeitig erinnert es uns auch an das **Kreuz**, als Zeichen unserer Erlösung. Was kann man sich Besseres wünschen?

Für Franziskus war das **T** das **Zeichen der Erwählung**, wie es beim Propheten Ezechiel im 9. Kapitel steht. Bevor das Strafgericht über die Stadt Jerusalem hereinbricht, lässt der Herr die Gerechten mit einem **T** auf der Stirn bezeichnen. Sie sollen von den Mächten der Zerstörung bewahrt bleiben. Ähnlich werden am Ende der Zeiten alle, die zu Christus gehören, mit dem Siegel gekennzeichnet und befreit (Offb 7,3). Somit wurde das Franziskanische T ebenso wie der „Bettelstab" des Pilgers ein **Zeichen für Solidarität** mit den Menschen, die gesellschaftlich „am Rande" stehen.

Siehe auch Cornelia Möhres/Stefan Federbusch: **barfuss** Edition-T, Cölde, Kevelaer, 2005 www.franziskaner.de

Meditative Zitate

Du wirst einiges mehr in den Wäldern finden als in den Büchern. Holz und Steine werden dich lehren, was du bei deinen Lehrern nicht hören kannst.

BERNHARD VON CLAIRVAUX

Brich hier auf (oder wo immer du bist): Erkenne, dass, indem du diese Reise Pilgerschaft nennst, du in deiner Seele einen Widerhall hervorrufst, der sie verwandelt.

Und damit unerwartet die Bedeutung, wer du bist
in deinem innersten namenlosen Selbst,
das schon immer deinen Namen trug –
sei, wie du seit jeher bedeutet bist.

JAY RAMSAY

Der Vogel kämpft sich aus dem Ei.
Das Ei ist in der Welt.
Wer geboren werden will,
muss eine Welt zerstören.

HERMANN HESSE

Halt an! Wo läufst du hin? Der Himmel ist in dir!
Suchst du ihn anderswo, fehlst du ihn für und für.

ANGELUS SILESIUS

Heftiges Streben nach einem Ziel
Macht die Seele für anderes blind.

DEMOKRIT

Gott tröstet uns auf dem Wege;
Nur müssen wir uns bewusst sein,
dass wir auf dem Wege sind.
Denn dieses ganze Leben und alles,
was du brauchst, soll eine Hütte dem Wanderer sein,
nicht ein Haus dem Bewohner.
Bedenke, ein Stück des Weges liegt hinter dir,
ein anderes hast du noch vor dir.
Wenn du verweilst, sei es, um dich zu stärken,
nicht aber, um aufzugeben.

AUGUSTINUS

Viele Jahre sind vergangen, seit ich solchen Frieden
Um mich fühlte, vielleicht zwanzig oder dreißig Jahre,
Vielleicht war es in meinem früheren Leben.
Und doch muss ich schon einmal diesen Frieden
Verspürt haben, da ich nun umhergehe
Und summe und entzückt bin und mich um jeden Stein
Und jeden Halm kümmere, und diese wieder sich um mich
Zu kümmern scheinen. Wir kennen uns.

KNUT HAMSUN

Nicht alle Wege führen direkt nach Rom

In Italien gibt es die großen Pilgerwege wie den franzikanischen Wanderweg entlang der **Via Flaminia**, der von Florenz über Assisi nach Rom führt oder auch die Straße der Rom-Pilger durch die Emilia-Romagna. Ein anderer, der sogenannte **Franziskusweg**, folgt den Spuren des hl. Franziskus vom Berg La Verna über Gubbio ins Rieti-Tal. Die Route führt zu den berühmten Stätten wie Assisi, Gubbio oder Greccio, aber auch zu kleinen Einsiedeleien und Klöstern, die bis heute unverfälscht und ursprünglich den franziskanischen Geist bezeugen. Speziell an diesen Orten kann man daher umso besser in die Gedankenwelt dieses „Schutzheiligen der Schöpfung" eintauchen.

LESETIPP
Angela Maria Seracchioli, **Der Franziskusweg von La Verna über Gubbio und Assisi bis Rieti**. Auf den Spuren des Franz von Assisi in 21 Tagesetappen Tyrolia Verlag

Kees Rodenburg, **Italien: Franziskaner Wanderweg**. Von Florenz über Assisi nach Rom, Conrad Stein Verlag

La Verna liegt 1128 m hoch am **Monte Penna** inmitten dichter Birken- und Kiefernwälder. Laut Dante errichteten die Mönche das Kloster „auf dem nackten Felsen zwischen Arno und Tiber", nahe bei **Arezzo**, in der Toskana. In der Nähe von dem von Birken- und Kiefernwäldern umgebenen Berg La Verna gibt es noch heute eine Nische zwischen zwei Felsbrocken, die Franziskus einst zu einer Einsiedelei machte. An dieser Stelle soll er im Jahre 1224 im Gebet die **Stigmata** empfangen haben. An seinen Händen und Füßen sollen sich plötzlich Wundmale wie bei Christus gezeigt haben. Damit beginnt die Geschichtsschreibung von diesem Ort. Der Weg führt weiter über die

Einsiedelei **Sacro Speco di S. Urbano**, und **Stroncone**, einem alten Städtchen, nach **Greccio**.

In dem Kloster in Greccio veranstaltete Franziskus die erste Krippenfeier und bereitete sich auf Weihnachten vor mit einem Esel, einigen Schafen und etwas Heu, um mit Maria auf die Geburt des Christuskindes zu warten.Von Greccio aus kommt man dann über die Einsiedelei von **Fonte Colombo** und von **Rieti** über die beiden Einsiedeleien **La Foresta** und **Poggio Bustone** nach **Spoleto**. Von dort wandert man zur kleinen franziskanischen Einsiedelei auf dem **Montelucoo** nach **Spello** und über den **Monte Subasio** nach **Assisi**, vorbei an den **Carceri**. Dabei empfiehlt sich **San Damiano** als Rückzugsort vom lebendigen Assisi.

Literatur, CDs und Videos

Lese- und Hörtipps

Ob Pilgern auf dem Jakobsweg, zum heiligen Franziskus nach Assisi oder Rückzugswochenenden im Kloster – die Sinnsuche liegt voll im Trend. Im belastenden Berufsleben sind Lebensenergie und seelisches Wohlbefinden zu Luxusgütern geworden. Hier einige Bücher zum Thema.

Bettina Dürr, **Himmlische Reisen**.

Auf den Spuren von Pilgern und Mönchen durch das alte Italien. Bastei Lübbe, ISBN 3-404-14356-6, € 14,90

Bettina Dürr ist im Heiligen Jahr 2000 den Spuren früherer Pilger nach Italien gefolgt und schildert ihre Eindrücke entlang der einstigen Pilgerrouten. Die Autorin geht dabei der Frage nach, was einst die Gläubigen dazu antrieb, sich auf den Weg zu machen.

Christian Josmann, **Nach Rom zu Fuß**.

Geschichte einer Pilgerreise. C.H.Beck, ISBN 978-3-406-55739-2, € 17,90

Der Historiker und Publizist Christian Josmann entschloss sich, seinen Traum, zu Fuß nach Rom zu gehen, in die Tat umzusetzen. Zwei Monate nahm er sich Zeit, um - nur mit dem Notwendigsten auf dem Rücken - von München aus über die Alpen zu wandern. Er schildert berührende Begegnungen mit der Geschichte wie mit der Gegenwart Italiens und erinnert an Wege, die zum Teil in Vergessenheit geraten sind.

Hermann Hesse, **Franz von Assisi**.

Mit Abbildungen der Giotto-Fresken und einem Essay von Fritz Wagner. Insel Taschenbuch 1069, ISBN 3-458-32769-X, € 8,00

Hermann Hesse hat 1901 während seiner ersten Italienreise hingebungsvoll wie ein Pilger auf kulturellen Entdeckungspfaden die Natur- und Kunstschönheiten bewundert. Dabei ging er auch den Spuren des von ihm verehrten Heiligen Franziskus nach. In seinem Roman „Peter Camenzind" (1904) findet Hesses Liebe zu Franz von Assisi ihren Niederschlag.

Franz von Assisi, **Fioretti**.

Gebete. Ordensregeln. Testament. Briefe. Diogenes, ISBN 3-257-20641, € 8,90

Schlicht und eindringlich ist die Sprache des Franz von Assisi. Er wollte eigentlich nicht einen Orden gründen, sondern eine religio – einen Bund, nicht mit Regeln, sondern mit Lebenssätzen. Sie und sein Leben sind an den „Fioretti", die er meist in italienischer Sprache und nicht in Latein verfasste, abzulesen.

Norbert Wolf, **Giotto di Bondone**.

1267-1337. Die Erneuerung der Malerei. Taschen Verlag, ISBN 978-3-8228-5157-9, € 6,99

Die Fresken dieses italienischen Malers machen uns in der Basilika von Assisi mit dem Leben von Franziskus vertraut. Daher ist diesem Thema auch ein großer Teil dieser Monographie des Malers gewidmet, mit vielen aufschlussreichen Bezügen. Die gewählten Bilder und Ausschnitte führen in das Zentrum des Werks.

Helmut Feld, **Franziskus von Assisi**.

C. H. Beck Wissen, bsr 2170, ISBN 3-406-44770-8, € 7,50

Der Theologe Helmut Feld hat sich in seiner Biografie vor allem mit religiösen Vorstellungswelten vor dem geistig-politischen Hintergrund in der ersten Hälfte des 13. Jahrhunderts beschäftigt.

Angelo Branduardi, **L'Infinitamente Piccolo**.

CD, Amazon, € 16,95

Der italienische Chansonsänger hat den berühmten Sonnengesang des heiligen Franziskus vertont und bringt ihn über seine auch dem deutschen Publikum vertraute sympathische Stimme jüngeren Menschen näher. In Italien ein Hit!

Howard L., **Das Gesamtwerk für Soloklavier Vol. 25**,

von Franz Liszt (Komponist) von Hyperion (CODAEX) (CD) 1994

Olivier Messiaen: **Franz von Assisi**

(Auszüge Live Salzburger Festspiele 22.08.1985) von Dietrich Fischer-Dieskau, Rachel Yakar, und Kenneth Riegel von Orfeo D'or (ORFEO International) (Audio CD) 1998

Franz Liszt – **Legende N 1k, die mich bewegt**.

Franz Liszt: Zwei Legenden für Klavier, N° 1 in A-Dur. Franz von Assisi. Die Vogelpredigt

Rentrow E. – Lettermann U., **Sonnengesänge**.

Die Testamente des heiligen Franz von Assisi, Spirituelle Suite (Audio CD) 2005

Rosenfeld G., **Amore e Sapienza**.

Oratorium nach Franz von Assisi (CD), Bremen (Hastedt Verlag & Musikedition) 1996

Schlegel H., **Sonnenmusikant**.

Ein Franziskanisches Liederbuch, Strube Verlag, 1999

Schlegel H. - Heurich W., **„Pace e bene - Frieden und Brot"**.

Neue geistliche Lieder für Clara und Franz von Assisi (Audio CD),
Frankfurt (Neues geistliches Lied) 1995

Zeplichal Vitus., **Der Sonnengesang und andere Texte von und über Franz von Assisi**.

ausgewählt und vorgetragen von Vitus Zeplichal (Audio CD),
München (Janus-Hörbuchverlag), € 19,70
In der Versandbuchhandlung Missionszentrale der Franziskaner in 53177 Bonn, Albertus-Magnus-Str. 39 erhält man franziskanische Literatur, www.mfz.org, Tel.: 0228-953540

Orientierungen

Véronique Rouchon Mouilleron; Daniel Faure, **Klöster**.

Universum der Stille und der Kontemplation. ISBN: 2-08-021005-X
Flammarion im Vertrieb Prestel, € 24,95

Ein altes französisches Sprichwort sagt: „Die Kirche ist die Seele des Klosters, der Kreuzgang das Herz". Diesem Herzstück ist der reich bebilderte Band gewidmet, der mit seinen einfühlsamen Texten und atmosphärischen Fotos die ideale Welt des Klosters vor unseren Augen entstehen lässt. Mit dem Kreuzgang verbindet man auch die verschiedenen Stundengebete, den Rhythmus der Mönche zwischen Beten und Arbeiten. Der Wandelgang war gleichzeitig auch ein Meditationsraum. In dem Bildband steht die architektonische Entwicklung seit der Frühromanik bis zum

15. Jahrhundert, die skulpturale Ausgestaltung und die „illustrierten Bibel" im Mittelpunkt. Der Uridee des Klosters liegt die Regel des Benedikt von Nursia aus dem 6. Jahrhundert zugrunde: Abkehr vom weltlichen Leben, aber nicht als Eremitentum, sondern im sozialen Verband, das Streben nach Vollkommenheit sowie die Feier des Gottesdienstes als Verwirklichung des kirchlichen Lebens.

Walter Nigg, **Große Heilige**.

Von Franz von Assisi bis Therese von Lisieux, ISBN: 3-257-06526-4, € 26,90

Der reformierte Theologe und Schriftsteller Walter Nigg schildert in seinem vielgerühmten Werk das Leben und Wirken von elf Heiligen und zeigt auf, wie auch sie mit dunklen Mächten in sich zu kämpfen hatten und keineswegs immer Sieger blieben: Franz von Assisi, Jeanne d'Arc, Niklaus von Flüe, Theresia von Avila, Therese von Lisieux und andere.
Dem Theologen ist klar, dass wir Heilige als Leitbilder christlicher Existenz brauchen, und lässt die großen Gestalten der Christenheit lebendig werden, ohne zu moralisieren. Er tut es mit psychologischer Sensibilität, spirituellem Tiefgang und in einer sehr plastischen Sprache.
Die Begeisterungsfähigkeit des Autors ist das Buch eines Protestanten über alle Konfessionsgrenzen hinweg. Psychologisch einfühlsam berührt es auch den heutigen Leser und lädt zu weiterem Nachdenken ein.

Dieter Hildebrandt, **Die Sonne.**

Eine Biographie unseres Sterns. Hanser-Verlag, ISBN-10: 3446230181, € 23,50

Die Zyklen des Kalenders, die Kugelgestalt der Erde, die Ordnung der Gestirne, die Gesetze der Gravitation: all diese Kenntnisse leiten sich aus einer jahrtausendelangen Beobachtung der Sonne ab. Die Grundlagen unseres Lebens sind auf das Kraftwerk am Himmel angewiesen. Und noch bevor die Menschen von diesen komplizierten Zusammenhängen eine Ahnung hatten, erfanden sie den Sonnenkult als Vorläufer aller monotheistischen Religionen. In der Biographie der Sonne, wie Dieter Hildebrandt sie darstellt, spiegelt sich die Biographie des Menschen und seiner Ideen. In der kosmischen Kulturgeschichte erzählt Dieter Hildebrandt, wie die Sonne seit Jahrtausenden unser Denken und Fühlen bestimmt und auch den Sonnengesang des Franziskus beeinflusst hat. Ein außergewöhnliches, wunderbar geschriebenes Buch, voll überraschender und verblüffender Einsichten.

Anreise

TIPPS FÜR UNTERWEGS

Perugia (Sant'Egidio) ist der nächste Flughafen von Assisi. Rom und Florenz sind internationale Flughäfen mit guten Bus- und Zuganschlüssen. Mit dem Leihwagen lässt sich das herrliche Land entdecken (kostengünstig mit „autonoleggio Low Cost" von auto europa, **www. autoeuropa.it**). Nach Rom Leonardo/ Fiumicino fliegen fast alle Fluggesellschaften (u.a. Alitalia, Lufthansa, die preisgünstige Air Berlin etc.). Von München gehen sogar direkte Nachtzüge nach Perugia. Die meisten umbrischen Städte sind mit den Zügen der **Centrale Umbra** oder der **Ferrovie dello Stato** zu erreichen, **www.trenitalia.com**.

Vom Westen kommend empfiehlt sich die Strecke über Genua, Mailand, Florenz, Richtung Rom. Natürlich bieten inzwischen etliche Busunternehmen Reisen nach Assisi und Umbrien an, zunehmend auch organisierte Pilgerreisen.

Bei Anreise mit dem **Auto** geht es am schnellsten über die Autobahn in Richtung Mailand. Von der A1 über Bologna und Florenz (Firenze) bis zur Ausfahrt Valdichiana und dann über die Schnellstraße (E 45/3) nach Perugia, Richtung Assisi. Die Strecken durch den Appenin sind kurvenreich und reizvoll. Auf italienischen Autobahnen zahlt man Mautgebühren. Die Geschwindigkeit ist begrenzt: Autobahnen 130 km/h, Schnellstraßen 110 km/h, Landstraßen 90 km/h. Die E 3 führt kostenlos durch ganz Umbrien.

Apotheke/ Ärztliche Versorgung

Die Apotheke **(farmacia)** kann man bei gesundheitlichen Problemen als erste Anlaufstelle nutzen. Wenn man sich sprachlich verständlich machen kann, können die gut ausgebildeten Apotheker oft schon helfen. In den Hotels kann man nach einem sprachkundigen Arzt fragen. Dabei wird man auch auf die Erste Hilfe (Pronto soccorso) verwiesen, Tel.: 118 oder 075-8112824 oder 075-8139227, die **Guarda Medica**, Tel.: 075-804361 oder 075-8139274 oder den **Servizio di nefrodialisi**, Tel.: 075-81391. Diese Anlaufstellen befinden sich im Krankenhaus **Ospedale di Assisi**.

Behinderte

Es gibt eine Reihe von behindertengerechten Hotels, im Tal auch einen Campingplatz mit einmaligem Blick auf die Basilica di San Francesco. Die Stellplätze sind überschattet, Bungalows, Wohnwagen mit sanitären Einrichtungen sind auch bequem für Behinderte: **www.camping.it/germany/internazionaleassisi**. Im Oberteil der Stadt liegt das Hotel da Angelo, das wegen der besonderen Panoramaanlage geeignet ist. Das gilt ebenso für kleine Gruppen von Freunden und Pilgern, die im historischen Zentrum sein wollen. Im Tal wiederum ist das Bastia Umbra Hotel Assisi behindertengerecht ausgestattet. In Santa Maria degli Angeli kann man Rollstühle (carrozzelle) ausleihen: bei Sanifarm, Via G. Ermini, Tel.: und Fax: 075-8043642

Buchhandlungen

Das Buchangebot in Assisi ist – bezogen auf die Größe der Stadt – ganz hervorragend. Im **Sacro Convento** befindet sich eine umfangreiche theologische Bibliothek sowie eine gut sortierte Buchhandlung bei der Unterkirche der Basilica San Francesco. Aber auch Buchhandlungen in der Stadt haben etwas zu bieten. So ist es ein Vergnügen, einen Blick in die **Liberia Zubboli Maurizio** an der Piazza del Commune 5 zu werfen (Tel.: 075-812381). Die Atmosphäre hat etwas von einem liebevoll geführten Antiquariat. Hier gibt es auch sehr schöne Karten und ausgewählte Papiere mit religiösen Texten. Aber auch bei **Vignati P. & Figli** an der Via Portica (Tel.: 075-812402) und **Libreria Fonteviva** an der Via S. Paolo 37/C, Tel.: 0781-24 67) finden Touristen hilfreiche Buchtipps. Die international ausgerichtete Buchhandlung in der Wallfahrtskirche in Santa Maria degli Angeli, Piazza Porziuncola, 1, Tel.: 075-81051504, assisi@ofm.umbria.net ist speziell für Pilgerreisende.

Diebstahl

Assisi ist innerhalb Italiens zwar eine der sichersten Plätze. Dennoch kann es passieren, dass man bestohlen wird. Dann allerdings sollte man umgehend Anzeige erstatten, entweder auf der nächsten Polizei- oder Carabinieri-Station oder auf der Questura (Polizeibehörde). Dort stehen oft auch Übersetzer für die Aufnahme des Protokolls zur Verfügung. Außerdem empfiehlt es sich immer, ein Auge auf Hand- und Fototaschen zu werfen.

Diplomatische Vertretungen

Die **deutschsprachigen Botschaften** liegen in Rom: Die deutsche Botschaft (Via S. Martino della Battaglia, 4, Rom, Tel.: 064-92131, Fax: 064-9452672, www.rom.diplo.de), die österreichische Botschaft (Via Pergolesi, 3, Rom,Tel.: 068-543286, www.bmaa.gv.at) und die Schweizer Botschaft und Konsulat (Via Barnaba Oriani, 61, Rom, Tel.: 068-09571, Fax: 068-088510, www.eda.admin.ch/roma)

Essen & Trinken

Die **umbrische Küche** ist unverfälschter, aromatischer und preisgünstiger als die toskanische. Spezialitäten wie Wildtauben, Trüffel oder Steinpilze sind hier durchaus erschwinglich. Drosselpasten, Trüffelcreme, Salsa francescana (schwarze getrüffelte Oliven) eignen sich bestens als Bruschetta-Aufstrich, Salami, Schinken, Wildschweinsalami und Hirschschinken werden ebenso hausgemacht wie der Hirtenquark oder die Hartweizenpasta. Die aromatischen Linsen (Lenticchie di Castelluccio) sind köstlich einfach nur mit Wasser, Olivenöl, Knoblauch und einem Lorbeerblatt angemacht. Auf den Speisekarten findet man immer wieder die hier einmalige bistecca der Berglandkühe, außerdem Gans, Ente, Perlhuhn, Kaninchen und Wildschwein. Umbrischen Fisch gibt es vor allem am Lago di Trasimeno. Landestypisch sind das kaltgepresste grüne Olivenöl und „Sagrantino" aus Montefalco, Schokolade aus Assisi und Perugia.

Feste & Ereignisse

Capodanno (Neujahr) – 1. Januar
Epifania oder Beffana (Dreikönigsfest) – 6. Januar
Settimana Santa – (Karwoche mit Karfreitagsprozession in Assisi
Pasqua (Ostersonntag), *Pasquetta* (Ostermontag),
Calendimaggio (Frühlingsfest in mittelalterlichen Kostümen) – Anfang Mai
Liberazione (Fest der Befreiung vom Faschismus und deutscher Besatzung) – 25. April
Festa del Lavoro (Tag der Arbeit) – 1. Mai
Perdono (Ablassgebet in Sta. Maria degli Angeli) – 1. und 2. August, *Ferragosto* (Mariä Himmelfahrt) – 15. August
Fiera di San Francesco (Franziskus-Fest) – 3.-5. Oktober,
Fiera dei morti (Totengedenken) – 31. Oktober
Ognisanti (Allerheiligen) – 1. November
Immaculata Concezione (Mariä Empfängnis) – 8. Dezember
Natale (Weihnachten) – 25./26. Dezember

Fotografieren

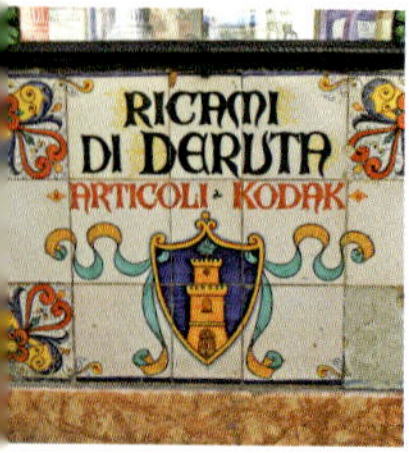

In Museen und Kirchen darf häufig nicht fotografiert werden. Das ist unbedingt zu respektieren. Es ist verständlich, dass Geistliche empfindlich reagieren, wenn etwa ein Gottesdienst gestört wird. Wenn Fotografieren erlaubt ist, sollte man auf Stativ und Blitz verzichten, um die Kunstwerke nachhaltig zu schützen.

Fremdenführer

An der IAT in Assisi kann man sich erkundigen, wann, wo und mit wem Stadtführungen gemacht werden. Eine wunderbare Fremdenführerin ist **Monica Minciarelli.** Sie hat Charme, kunsthistorische und theologische Kenntnisse und ist auch noch des Deutschen mächtig. Außerdem unterrichtet sie an der Università per Stranieri in Perugia. In der Franziskus-Basilika ist der erfahrene deutsche Franziskanerpater **Gerhard Ruf** OFM aus dem Sacro Convento besonders begehrt. (An der Klosterpforte nachfragen).
Allgemeine Auskünfte erteilt auch die Cooperativa Guide in Umbria, am Infotourist Point an der Piazza Partigiani, 3/B in Perugia, Tel.: 075-732933, Fax: 075-5772235, Öffnungszeiten 9.00 - 13.00 Uhr und 15.00 - 18.00 Uhr, Samstag- und Sonntag nachmittags geschlossen (auch Vermittlung von Minibussen, Hotelreservierung), **info@guideinumbria.com** bzw. **www.guideumbria.com**

Informationsstelle für Touristen

Von Deutschland aus kann man sich vorab beim Italienischen Fremdenverkehrsamt ENIT kostenlos unter 008-00004825 informieren. In Berlin, Frankfurt und München gibt es Büros, bei denen man sich Prospekte u.ä. besorgen kann: Frankfurt, **Staatliches Italienisches Fremdenverkehrsamt**, Ente Nazionale per il Turismo (ENIT), Neue Mainzer Straße 26, 60311 Frankfurt, Tel.: 069-237434, Fax: 069-232894, Enit.ffm@t-online.de, München, Italienische Zentrale für Tourismus ENIT, Prinzregentenstr. 22, 80538 München,

Tel.: 089-531317, Fax 089-534527, enit-muenchen@t-online.de, Berlin: Staatliches Italienisches Fremdenverkehrsamt, Friedrichstr. 187, Tel.: 030-2478398, Fax: 030-2478399, enit-berlin@t-online.de

Assisi: IAT Assisi, Piazza del commune, 22, Tel.: 075-812 534 oder 075-812450, Fax: 075-8138686 oder 075-813727, info@iat.assisi.pg.it, www.umbria2000.it, Öffnungszeiten im Sommer: Montags bis Samstags 8.00 - 14.00 Uhr und 15.00 - 18.00 Uhr, an Sonn- und Festtagen 10.00 - 13.00 Uhr und 14.00 - 17.00 Uhr, im Winter 9.00 - 13.00 Uhr

Santa Maria degli Angeli: Ufficio Informazioni, Piazza Garibaldi, Tel.: 075-8044554, geöffnet von Ostern bis November 10.00 - 12.30 Uhr und 16.30 - 19.00 Uhr **www.commune.assisi.pg.it/proloco-sma**, proloco.santamaria@libero.it

Internet

Zahlreiche umbrische Städte haben hervorragende Internetseiten und sind über www.umbria2000.it oder über www.umbria.org erreichbar.
Es gibt einige deutsche Links und viele englische.

Historisches und Sehenswertes: www.umbria.org, www.assisinforma.it, www.assisivirtual.com, www.assisionline.it, www.ete.it/assisi

Events, Hotels, Wandervorschläge unter: www.italienwandern.de,

Internetcafés in Assisi: Bar Minerva, Piazza del Commune, 16, Bar Caffè Duomo, Piazza San Rufino,

Bar Sabatini Via Portica, 29/B, Tabaccheria Trosa, Piazza Garibaldi, 2, Bar Bibbiano Piazza Unità d'Italia, Caffetteria del Pasticcere, Via S. Gabriele dell' Addolorata bei Santa Maria degli Angeli, Bar Mediceo, Via Micarelli, Bar Life V. Protomartiri Francescani, 95.

Klima & Reisezeit

Ideal sind die sonnigen Tage zwischen Mai und September, wobei das Licht im beginnenden Herbst sicher besonders reizvoll ist mit herrlichen Sonnenauf- und untergängen. Sehr schön auch, wenn sich morgens die Nebelschleier über der Valle Umbra heben. Im Hochsommer ist es sehr heiß. Nur in den Bergen weht eine sanfte leichte Brise. Im Winter ist es vor allem grau und regnerisch. So wirken dann auch die umbrischen Städtchen. Manchmal schneit es. Das ist auf dem Monte Subasio sehr schön. Interessant ist der Winter auch wegen der Krippen und Weihnachtsmärkte. Bis *Beffana* (6.1.) sind Weihnachtskrippen ausgestellt.

Kirchen & Klöster – Gottesdienste

San Rufino: 18.00 Uhr, an Festtagen: 8.00, 10.00 und 18.00 Uhr; *San Francesco* in den Ferien: 7.00, 8.00, 9.00, 10.00, 11.00 und 18.00 Uhr; *Santa Chiara* in den Ferien: 7.00, 9.00, 17.30 Uhr, an Festtagen: 7.00, 9.00, 11.30 und 17.30 Uhr; *San Pietro:* in den Ferien: 7.30 und 17.00 Uhr, an Festtagen: 7.30 und 10.00 Uhr; *Santo Stefano:* an Festtagen: 9.00 Uhr; *San Damiano:* in den Ferien um 7.15 Uhr, an Festtagen 7.15 und 9.30 Uhr; *Eremo delle Carceri* in den

Ferien: 7.30 Uhr, an Festtagen 8.00 und 11.00 Uhr, Öffnungszeiten: von 8.00 Uhr bis zum Sonnenuntergang; *Santa Maria degli Angeli* in den Ferien: 7.00, 9.00, 11.00, 17.00 Uhr, vor Festtagen um 17.00 Uhr, an Festtagen: 6.00, 8.00, 10.00, 11.30, 17.00, 18.00 Uhr.

Märkte

Fast täglich ist in Assisi oder um Assisi herum Markt: *samstags* in Assisi selbst, *montags* in Santa Maria degli Angeli, *dienstags* in Bettona, Perugia und Gubbio, *mittwochs* in Cannara, *freitags* in Spoleto, *samstags* in Passaggio di Bettona.

Museen

Fast ist – wegen der besonderen Kirchen und Klöster (z.B. auch der Schatz von San Francesco oder in der Krypta von San Rufino) - die ganze Stadt ein Museum. Doch lohnt sich auch ein Blick in die **Pinacoteca Communale im Pallazzo Ballemani**, Via San Francesco, aus dem 16. Jahrhundert. Die Exponate stammen aus der Giotto-Schule, die Fresken aus dem Ospedale dei Pellegrini (10.00 Uhr, 13.00 Uhr und 14.00 - 17.00 Uhr/18.00 Uhr). Interessant ist das **Museum bei San Pietro**, Piazza San Pietro, 1 in der **Krypta von San Vittorino**, das von Juni bis Oktober zwischen 10.00 und 19.00 Uhr geöffnet ist, im April und Mai von 10.00 bis 13.00 Uhr und

von 15.00 bis 19.00 Uhr. Montags geschlossen. (Eintritt: 4 Euro, ermäßigt 3 Euro)
Natürlich darf man es nicht versäumen, in Santa-Maria degli Angeli die Portiunkula-Kapelle sowie das Museum anzuschauen, das im Sommer von 6.15 - 19.45 Uhr geöffnet ist. Für samstags und sonntags gilt das auch ganzjährig, während im Herbst und Winter das Museum vormittags von 6.30 - 12.30 Uhr und von 14.00 - 20.00 Uhr geöffnet ist. Mittwochs ist geschlossen.
Ein Museum, das sich weniger mit der Religion als mit dem Alltag beschäftigt, ist das **Handwerksmuseum Museo Arti e Mestieri**. Dort findet man alte ländliche und bäuerliche Werkszeuge.

Natur & Umwelt

Die **Flora** auf dem Monte Subasio ist im Frühjahr und Sommer einmalig. Dies wirkt sich auch auf die aromareiche umbrische Küche aus, wo mit den lokalen Kräutern und manchmal sogar mit Blüten gewürzt wird. Die Blumen wachsen üppig, speziell die Narzissen, deren Blüten besonders zu Christi Himmelfahrt gesammelt werden. In Spello ist dies Anlass zu einem Blumenfest, der „Infiorata". Narzissen schmücken dann die gesamte Stadt. Auch Orchideen, Butterblumen, Krokusse, Veilchen, Kornblumen und wilde Rosen kommen aus der fruchtbaren Bergregion. Obst und Gemüse wie Spargel, Chicorée, Wacholder und wilde Pfirsiche gedeihen in dieser äußerst variationsreichen Natur bestens. Als typische landwirtschaftliche Produkte gelten Honig, Olivenöl, Pilze und – im Herbst – Trüffel. Der **Wald** bietet auch ein ideales Umfeld für die **Tierwelt**: Hier leben Wölfe, Schlangen, Bussarde, Falken und Rotwild, Steinmarder und Wiesel. Der Berg liefert außerdem den markanten hellrosa bis grauen Assisi- oder Subasiostein, aus dem viele umbrische Kirchen gebaut sind. Man findet ihn noch heute an der Bergspitze vor. Natürlich lädt eine solch reiche Natur zum Wandern ein. Die verschiedenen Wege sind als Trails angezeigt. So führt beispielsweise der **Trail 50** von Assisi über Mortaro Grande nach Spello (15,5 km). Der **Trail 51** berührt Assisi, Costa di Trex und Rocca di Postignano und endet in Nocera Scalo. Er ist 20 km lang und gilt als letzter Weg, auf dem Franziskus gepilgert ist. Unterwegs gibt es immer wieder Hütten, wo man sich ausruhen oder auch übernachten kann, wie z.B. Vallonica auf dem Trail 50. Über die jeweiligen Möglichkeiten muss man sich bei der Communità Montana del Monte Subasio (Tel.: 0039074-275191) erkundigen.

Parken

Man sollte das Auto in Assisi außerhalb der Stadtmauern lassen, Verkehr und Parken sind nur auf wenige Stunden täglich beschränkt. Allein die Zufahrt zu den Hotels ist für den Gepäcktransport erlaubt. Vom gebührenpflichtigen Parkplatz **(parcheggio)** aus erreicht man das Zentrum von der Piazza Mateotti aus leicht zu Fuß, von der Porta Nuova aus über Rolltreppen. Mit der Parkscheibe kann man eine Stunde frei stehen, so in: S. Francesco, S. Pietro, Centro, S. Maria Maggiore, S. Chiara, Cattedrale, Rocca Maggiore. Parkplätze an der Via Albornoz und an der Porta San Vettorino sind zwar kostenfrei, aber meistens belegt. Parkplätze für Reisebusse befinden sich an der Porta San Pietro – Piazza Unità d'Italia, Porta da Moiano und für Camper am Parco XXXV Aprile in Cannara.

Pilgerandenken

Der Pilgertourismus blüht und damit auch der Devotionalienhandel. Andenken findet man auf Schritt und Tritt, gleich ob in den Büdchen auf dem Vorplatz von S. Maria degli Angeli oder im historischen Zentrum in jedem Palazzo: Repliken vom Sonnengesang, Franziskus in allen Variationen, T-Shirts mit Friedensbotschaften. Die meisten Dinge sind erfreulich schön und oft aus natürlichem Material wie besticktem Leinen, Olivenholz, Keramik, Leder oder Papyrus.

Polizei & Notruf

Kostenloser Notruf bei den **Carabinieri** ist die 112, bei der Polizei die 113. Das gilt ggfs. auch für den medizinischen Notruf, der ansonsten unter der 118 erreichbar ist. Den Automobilclub (ACI/Soccorso Stradale) kann man über 803116 erreichen, mobil unter 800116800 (mehrsprachig). Die ADAC-Notrufzentrale in München hat die Nummer Tel.: 004989-767676 (24 Std. Service).

Restaurant

In Assisi kann man trotz des großen Touristenrummels vorzüglich und auch landestypisch essen, gleich ob in den kleinen Trattorien oder in Hotel-Restaurants wie z.B. in der Nähe der Piazza del Commune in der Via degli Archi 6, im Restaurant des Hotel Umbra, das einen idyllischen kleinen Garten mit einer schattenspendenden Pergola hat. Ausgezeichnet ist auch das Buca di S. Francesco, Via Brizi 1, das weniger persönlich, dafür aber auch etwas preiswerter ist. Oberhalb der Piazza del Commune liegt die Familien-Trattoria „La Fortezza" in der Via Fortezza, 26, die eine kleine Speisekarte mit wechselnden Gerichten und selbstgemachter Pasta hat. Ein sympathisches rustikal-schlichtes Ambiente hat Trattoria da Erminio, Via Montecavallo, 19. Hier gibt es Grillfleisch vom offenen Kamin, Pilzcrostini und Kaninchen (Coniglio) all'Asssisana.

Taxi

Wenn man nicht den Bus nutzt, kann es für Fußmüde empfehlenswert sein, ein Taxi zu nehmen. Taxis sind relativ preiswert. Halteplätze sind an der Piazzale Unità d'Italia, Tel.: 075-812378, an der Piazza S. Chiara, Tel.: 075-812600, an der Piazza del Commune, Tel.: 075-813193, am Parkplatz B an der Porta Nuova, Tel.: 075-816396, in Santa Maria degli Angeli, am Bahnhof, an der Piazzale Stazione F.S., Tel.: 075-8040275 und an der Piazza Garibaldi. Das Funktaxi ist bis 24 Uhr an der Via Arci dei Priori erreichbar, Tel.: 075-813100, www.radiotaxiassisi.it oder radiotaxiassisi@libero.it. Die Preise sind auf Taxametern ausgewiesen. Zuschläge gibt es allerdings für telefonisches Herbeirufen sowie für Nachtfahrten. Auch bei jedem einzelnen Gepäckstück muss man mit Zuschlägen rechnen.

Telefon

Telefonieren vom Hotel aus kann – je nach Kategorie des Hotels – kostspielig werden. Die Telecom Italia hat viele Telefonzellen für Kartentelefone eingerichtet. Telefonkarten (scheda oder carta telefonica) sind in verschiedenen Größen in Postämtern, Hotels, an Automaten, in Tabak- oder Zeitungskiosken erhältlich. Besonderheit in Italien ist, dass die Ortsvorwahlnummer inklusive der Null Bestandteil der Telefonnummer ist, d.h. sie muss mitgewählt werden, gleich ob man aus dem Ausland anruft, vom einen zum anderen italienischen Ort oder vom Ort selbst. Ausnahme sind lediglich die Notfallnummern (z.B. 113). Vorwahlnummer für Deutschland ist von Italien aus 0049, für Italien aus dem Ausland 0039. Unabhängig von den Telefonzellen kann man von der Post bzw. vom Telegrafenamt aus günstig in die ganze Welt telefonieren. In kleinen Orten verweist ein Telefonzeichen an der Bar darauf, dass man von dort aus telefonieren kann. Dort liegen meist auch Telefonbücher aus. Ansonsten ist natürlich das „telefonino“ (Handy) in Italien sehr beliebt. Das allerdings hat in der Kirche zu schweigen.

Trinkgeld

Auch wenn die Bedienungsgelder in den Restaurants meist inbegriffen sind, gibt man üblicherweise 10 % Trinkgeld (Servizio / Mancia), wenn man zufrieden war. Das betrifft auch Zimmermädchen, Gepäckträger und die Rezeption. Taxifahrer und Friseure freuen sich ebenfalls über einen aufgerundeten Preis um etwa 10 Prozent.

Unterkunft

Hotels

Assisi hat eine Reihe gutgelegener Hotels. Manche Häuser sind ausgesprochen schön, viele gut geführt. Während der italienischen Schulferien (Mitte Juni bis Mitte September) und besonders an religiösen Feiertagen kann es allerdings zu Engpässen kommen. Man sollte sich daher vor der Reise darum kümmern. Kennt man ein Hotel, kann man natürlich direkt beim Hotel buchen oder sich an die umbrischen Hotelvereinigung wenden.
Jährlich wird aktuell ein Hotelverzeichnis vom APT Umbria (Via Mazzini, 21, 06100 Perugia) herausgegeben, www.umbria2000.it. Auch die Website www.umbria.org/ita/turismo bietet Infos zur Hotelsuche.
Hotel Subasio ****, Via Frate Elia, 2, 06081 Assisi, Tel.: 075-812534, Fax: 075-813727, www.assisioline.it, herrliche Lage, beste Adresse in Assisi
Hotel dei Priori***, 06081 Assisi, Corso Mazzini, 15, Tel.: 075-812237, Fax: 075-816804, www.assisi-hotel.

com-hpriori@tisalineit.it. Freundlich und sehr zentral.
Hotel Umbra ***, Via degli Archi, 6, 06081 Assisi, Tel.: 0039075-812240, Fax: 0039075-813653, www.hotelumbra.it. Hotel mit Charme.
Albergo Ancajani*, Via degli Ancajani, 16, 06081 Assisi, Tel.: 075-816128, Fax: 075-815129. Nüchtern freundliches Klosterhotel.
Monastero S. Croce, Via S. Croce, 4, 06081 Assisi, Tel.: 075-812515, Fax: 075-816764. Von deutschen Nonnen geleitetes Gästehaus. Voranmeldung ist notwendig.
Und wer eine Alternative zum Hotel sucht, der sei hingewiesen auf **Affitacamere** – wo man einzelne Zimmer in Privatunterkünften mieten kann – eine wirklich günstige Variante zum Hotel.
Wohnen im Kloster kann man auch in den einfachen Klöstern. In einigen Fällen werden dort jedoch die Zimmer erst ab zwei- oder dreimonatigem Aufenthalt abgegeben, damit das Klosterleben nicht zu sehr beeinträchtigt wird. In Assisi reicht das Angebot von den „professionellen" Hospizen, wo man die Wahl hat zwischen den Ordensgemeinschaften bis hin zu den stillen Konventen oder zu den „Case religiose" in den umliegenden Häusern.
Tipp: Casa Madre Caterina, Via cristofani, 15, 06081 Assisi, Tel.: 075-81816485. accoglienzassisi@francescane.net

Jugendherberge

Außerdem gibt es in Assisi allein drei Jugendherbergen (www.ostellionline.org)

Landestypische Unterkunft:
Wochenweise werden Ferienhäuser und -wohnungen angeboten. Diese sind komplett eingerichtet. Bettwäsche und Handtücher müssen oft mitgebracht oder gemietet werden. Historische Gemäuer werden häufig wieder als Hotel oder Residenze d'epoca hergerichtet. Das trifft auch auf alte Land- und Bauernhäuser zu.
Dimore Storiche, Viale Majno, 8, 20129 Milano, Fax: 090-6408922, www.dimorestoriche.com, info@dimorestoriche.com.
Agriturismo in Umbria/Turismo verde, Via Campo di Marte, 14/1, 06124 Perugia, Tel.: 0039075-5002953, Fax: 075-5002956, www.agriturismo.it. Den Prospekt „Conoscere l'Umbria" gibt es bei **AGRILIFE turismo rural**, Via caduti del Lavoro, 33, 06124 Perugia, www.agrilife.com

Wandern

Zu Fuß und auf Wanderungen erlebt man die Landschaft und deren Atmosphäre besonders unmittelbar. Der italienische Alpenverein hat die wichtigsten Wanderrouten gut markiert CAI (Club Alpino Italiano). Die harmonische waldige, bergige und quellenreiche Natur ist um Assisi herum dafür wie geschaffen. Für Anfänger empfiehlt sich zum Einstieg der Gang ins Tal nach San Damiano. Wer sich mehr zutraut, dem sei die abwechslungsreiche Wanderung über die Rocca Maggiore mit herrlichem Blick weiter zu den „Carceri", vorbei an Ölbaum-Plantagen und durch Steineichenwäder empfohlen. Schon auf dem Weg, durch den Besuch des Klosters, in dem sich Franziskus „einkerkerte", stellt sich unmittelbar franziskanisches Lebensgefühl ein. Je höher man dann auf die Spitze des Monte Subasio (1290 m) zugeht, desto einsamer wird es. Wer sehr gut zu Fuß ist, der kann dann weiter bis Spello gehen oder – je nach Kondition – bis Spoleto und Norcia. Ein anderer Weg auf den Spuren des Franziskus führt etwa viereinhalb km südlich ins Tal zum Santuario di Rivotorto. Zwar wirkt die neugotische Kirche, die nach einem Erdbeben entstand, nicht so echt, aber in der niedrigen Steinhütte sammelte Franziskus seine ersten Anhänger um sich. Für alle Wanderungen in einsame Gegenden gilt ein wichtiger Hinweis: Auch wenn man von den barfüßigen Mönchen beeindruckt ist, sollte man geschlossenes Schuhwerk tragen, da man hier gelegentlich auf Schlangen stößt, vor allem auf die Aspis-Viper. Ansonsten sind viele Landhotels inzwischen auf die Bedürfnisse der Wanderer eingestimmt.

Infos bei: CAI Sezione di Perugia, Via della Gabbia, 9, Tel.: / Fax: 075-730334, www.cai.it.caiperugia.it

Verkehrsmittel

Auto: Die Autobahnen sind grundsätzlich gebührenpflichtig. Ausnahme: die S 3 bis / E 45 von Vitta di Castello über Perugia – vorbei am Trasimenischen See nach Terni – ist kostenfrei. An den Mautstellen kann man mit Kreditkarten oder mit der Visacard (an der Grenze beim ADAC erhältlich) bezahlen.

Die Tankstellen sind in der Regel werktags von 7.30 - 12.30 Uhr und von 15.00 - 19.00 Uhr, sonntags nur an Ausfallstraßen und Autobahnen geöffnet. Die Promillegrenze liegt bei 0,5 (Geldstrafen können bis zu 1000 Euro bei Überschreitung gehen). Auch Telefonieren ohne Freisprecheinrichtung wird teuer. Bus: Umbrien ist grundsätzlich gut mit Linienbussen versorgt. Allerdings werden die kleinen Ortschaften oft nur zwei bis drei Mal täglich angefahren. Dafür sind die Fahrpreise niedrig. Zwischen Perugia und Assisi herrscht ein ständiger Pendelverkehr.

Zeitschriften

In Assisi und Perugia findet man wegen der Internationalität beider Städte durchaus deutschsprachige Zeitschriften. Die tagesaktuelle italienische Presse wie den „Corriere della sera“ gibt es natürlich überall.

Zeit

Mitteleuropäische Zeit. Im Sommer wird die Uhr um eine Stunde vorgestellt, genau so wie in Deutschland auch.

Orts-, Sach- und Personen-Register

Pilgerbuch Verlag GmbH
Kullmannstr. 4
D-60435 Frankfurt am Main
E-mail: info@pilgerbuch-verlag.de
Internet: www.pilgerbuch-verlag.de

Die Autorin: Petra Kammann
Romanistin, Kulturjournalistin, Herausgeberin und Dozentin, (Französisch, Italienisch, Literatur und Kunst), hat seit mehr als zwanzig Jahren regionale wie überregionale Magazine verantwortlich betreut, so u.a. 15 Jahre als Chefredakteurin des Publikummagazins BuchJournal (Börsenverein des Deutschen Buchhandels). Als Herausgeberin und Chefredakteurin der Zeitschrift „...IN RHEINKULTUR" lebt sie heute in Düsseldorf.

Fotos: alle Fotos von Petra Kammann; außer S. 54, 81, 99 und Umschlag von Gabriele Hünemeier; Umschlag, Assisi-Karte von Francesco Mancinelli (Assisi)

Geschäftsführung: Christiane Scheppa
Gestaltung: spoon design, Langgöns
Druck: Boss Druck GmbH, Goch

Italiano di primo soccorso? Erste Hilfe auf Italienisch

Guten Tag. - Buon giorno

Bitte - Per favore

Entschuldigung, wo ist? - Scusi, dov'è?

der Pilger - il pellegrino

der Mönch / die Nonne - il frate / la suora

Ich möchte... nach Assisi. - Vorrei... andare ad Assisi.

rechts - a destra, links - a sinistra

geradeaus - sempre diritto

Überqueren Sie die Straße/ den Platz/ die Brücke - Attraversi la strada/ la piazza/ il ponte

Es ist nicht weit - Non è lontano

Ganz in der Nähe - qui vicino

Ich möchte ein Plan von der Umgebung. - Vorrei una carta della zona.

Eine Karte bitte - Un biglietto, per favore.

Sprechen Sie deutsch oder englisch? - Parla tedesco o inglese?

Es geht mir schlecht. - Mi sento male.

Hier habe ich Schmerzen. - Ho dolori qui.

Wo tut es weh? - Dov'è che fa male?

Wo ist die nächste Apotheke? - Dov'è la farmacia più vicina?

Können Sie mir bitte helfen? - Mi potrebbe aiuatare per favore?

Vielen Dank - Molte grazie

Gern geschehen - Prego

Notizen